En page couverture:

Chêne rouge (*Quercus rubra*) en hiver et en été, Montréal, Québec. Photographie de Jean Marcotte.

Les dessins et les photographies de ce livre sont de Jeanne Millet, sauf lorsqu'il y a une mention.

Note : Le choix de la police de caractère Verdana dans la plus grande partie du livre n'est pas anodine. Elle a été choisie de manière à rendre la lecture plus facile pour ceux qui souffrent d'un déficit d'attention.

Catalogage avant publication de Bibliothèque et Archives nationales du Québec et Bibliothèque et Archives Canada

Millet, Jeanne, 1958-

Le développement de l'arbre : guide de diagnostic

Comprend des références bibliographiques.
ISBN 978-2-89544-479-4

1. Arbres - Développement. 2. Arbres - Morphologie. I. Titre.

QK731.M542 2015   582.16   C2014-942759-X

Le développement de l'arbre

ISBN 978-2-89544-479-4, PDF : 978-2-89544-529-6, EPUB : 978-2-89544-706-1
Dépôt légal – Bibliothèque nationale du Québec, 2015
Dépôt légal – Bibliothèque nationale du Canada, 2015

ÉDITIONS MULTIMONDES
1815, avenue De Lorimier
Montréal (Québec) H2K 3W6
514 523-1523, poste 259
1 800 361-1664

dominique.lemay@editionsmultimondes.com
www.multim.com

Les Éditions MultiMondes reconnaissent l'aide financière du gouvernement du Canada par l'entremise du Fonds du livre du Canada pour leurs activités d'édition. Elles remercient la Société de développement des entreprises culturelles du Québec (SODEC) pour son aide à l'édition et à la promotion.

Gouvernement du Québec – Programme de crédit d'impôt pour l'édition de livres – gestion SODEC.

Elles remercient également le Conseil des arts du Canada de l'aide accordée à leur programme de publication.

IMPRIMÉ AU CANADA/PRINTED IN CANADA

Jeanne Millet

Préface de Jac Boutaud

Le développement
de l'arbre

GUIDE DE DIAGNOSTIC

ÉDITIONS MULTIMONDES

À la mémoire de mon père qui,
lorsque j'étais enfant, m'a laissée grimper
tout en haut d'un grand pin.

À mes filles Véronique et Laurence
qui m'ont appris à m'arrêter et à regarder.

Préface

Depuis la mise en place en France des premières formations sur la taille raisonnée des arbres, dans la première moitié des années 1980, les connaissances dans ce domaine n'ont cessé d'évoluer. Elles ont permis d'améliorer les pratiques et de mieux intervenir sur les arbres. Malheureusement, il est encore loin le jour où le respect des arbres ne sera plus un vœu pieux ou une pratique exemplaire mais deviendra une réalité courante ! Il est d'autant plus loin qu'une partie des connaissances acquises ne sont pas assez bien diffusées auprès des praticiens, des aménageurs, des gestionnaires, du grand public. Ainsi, nombreux sont les particuliers qui demandent encore que l'on diminue la hauteur des arbres qui leur font de l'ombre ou qui les inquiètent lors des coups de vent ? Et combien de praticiens restent désarmés pour leur expliquer avec simplicité, mais avec précision, qu'une telle intervention va perturber durablement ces arbres, les fragiliser ?

L'architecture des arbres fait partie des domaines où les connaissances ont beaucoup progressé, mais elle reste mystérieuse pour beaucoup d'acteurs qui n'en maîtrisent pas les clés. Néanmoins, tous perçoivent l'intérêt de cette science et les bénéfices qu'elle pourrait leur apporter, que ce soit pour mettre en œuvre des tailles adaptées à tous les stades de la vie de l'arbre, pour évaluer sa santé, pour estimer ses perspectives de vie à moyen ou à long terme, mais aussi en amont pour choisir l'essence la mieux adaptée au projet...

Depuis la naissance du concept de l'architecture des arbres dans les années 1970, les arboristes n'avaient à leur disposition que quelques publications spécifiques. Elles étaient très générales ou présentaient un caractère partiel, décrivant une essence précise ou certains caractères particuliers. De fait, elles ne pouvaient être utilisées avec rigueur et efficacité que par les spécialistes. On s'est aperçu, à l'occasion d'échanges entre formateurs et scientifiques spécialisés, que les premiers transmettaient parfois de façon partiellement inexacte les concepts de l'architecture, à leur insu bien sûr, faute d'avoir des documents de référence adaptés à la vulgarisation. Pour citer un exemple concret, on enseigne encore souvent que toutes les ramifications situées à la face inférieure d'une branche sont considérées comme hypotones, ce qui n'est pas le cas...

Parmi ces publications accessibles aux arboristes, certaines sont remarquables et ont marqué de réelles avancées. L'ouvrage paru en 2004 *Architectures de plantes* de Francis Hallé, l'un des «pères» de l'architecture des arbres avec Roelof A.A. Oldeman, décrit les 22 modèles architecturaux identifiés. Très largement illustré de croquis magnifiques, il précise pour les essences étudiées leur appartenance à chacun de ces modèles. Il s'agit principalement de végétaux de milieux tropicaux ou équatoriaux, et de ce fait, il est souvent difficile pour le lecteur non spécialiste de passer de ces dessins épurés aux arbres rencontrés dans les jardins ou les rues des régions tempérées, et encore plus de faire le chemin inverse, c'est-à-dire de faire coïncider un arbre de nos rues fourmillant de ramifications avec l'un de ces modèles théoriques.

L'ouvrage de Christophe Drénou, *Face aux arbres, apprendre à les observer pour les comprendre*, édité en 2009, donne des clés simples et accessibles à tous, professionnels comme simples amateurs, pour comprendre le fonctionnement global des arbres. Après l'avoir lu, le regard porté sur ceux-ci est forcément et définitivement différent. Le praticien qui veut progresser est éclairé et émerveillé. Ce très bel ouvrage de référence n'entre pas dans l'intimité des mécanismes de croissance et de développement, ce n'est d'ailleurs pas son objectif.

L'ouvrage de Jeanne Millet, *L'architecture des arbres des régions tempérées*, paru en 2012, rassemble pour la première fois tous les éléments connus à ce jour sur le sujet. Toutes les essences actuellement décrites au sein des zones tempérées, celles que nous côtoyons chaque jour, y sont présentées et explicitées. Clair, précis, brillant, il donne toutes les clés à ceux qui sont prêts à entrer dans cette discipline fascinante mais complexe. Cependant, il s'agit d'un ouvrage scientifique utilisant un vocabulaire très spécifique, que les praticiens pas assez familiarisés avec les concepts de l'architecture – et surtout avec son jargon propre – ont encore du mal à utiliser au quotidien lors de leurs activités.

Le présent ouvrage est donc un événement majeur dans le monde de l'arboriculture. Il présente l'architecture des arbres de façon simple, avec des mots courants connus de tous, mais sans abandonner une rigueur scientifique indispensable. Le développement de l'arbre y est explicité depuis sa germination jusqu'à sa mort, en passant par les éventuelles phases de dépérissement consécutives à des stress importants. C'est considérable.

Mais l'ouvrage donne aussi des éléments de compréhension des réactions des arbres aux tailles appliquées, qu'elles soient appropriées ou non. De plus, il apporte des conseils précieux pour intervenir dans les meilleures conditions, pour accompagner l'arbre ou le conduire en douceur vers d'autres formes que celles qu'il prendrait naturellement, plutôt que de le brutaliser et de le perturber fortement.

Enfin, Jeanne Millet présente la démarche pour réaliser des croquis des arbres que l'on veut étudier ou comprendre. Or, les croquis sont un moyen très efficace de structurer l'observation, de faire ressortir les éléments essentiels de l'arbre, ceux qui permettent de déterminer où il en est de son développement et quelles orientations il semble prendre. Avec les croquis qu'il établira sur la base des éléments simples d'architecture présentés dans ce livre, le lecteur praticien deviendra petit à petit autonome dans sa compréhension des arbres, il pourra mieux préparer et réaliser ses interventions (ou bien finalement il les annulera car il aura compris qu'elles s'avèrent inutiles...). Le pont est enfin construit entre les scientifiques capables de décrypter n'importe quel arbre du monde et le praticien qui a besoin d'un outil simple et opérationnel pour optimiser ses activités de tous les jours ! *L'architecture des arbres* peut devenir un outil de gestion courante.

Cet ouvrage, qui ne livre pas de recettes universelles à appliquer mais donne à chacun les moyens de devenir petit à petit autonome dans son travail d'analyse, permet de franchir une nouvelle étape sur le chemin d'une gestion respectueuse de la beauté et de la santé des arbres qui sont nos compagnons au fil des jours.

Jac Boutaud,
Arboretum de la Petite Loiterie

Gestionnaire du patrimoine arboré
de la Ville de Tours

Formateur intermittent en arboriculture
et arbusticulture d'ornement

Avant-propos

Après avoir écrit le premier livre sur l'architecture des arbres des régions tempérées en 2012, je me suis rendue à l'Arboretum de La Petite Loiterie, en France, à la rencontre de mes amis Jac Boutaud et Pierre Cruiziat. L'un est arboriste, créateur de l'arboretum et responsable de la gestion des arbres de la Ville de Tours. L'autre est chercheur à la retraite à l'INRA (Institut National de la Recherche Agronomique), spécialisé en écophysiologie végétale et passionné des arbres. J'avais déjà partagé un moment extraordinaire en leur compagnie quelques mois plus tôt et je me faisais une joie de les retrouver pour leur offrir mon livre, l'aboutissement de 20 années de recherche.

Leur amitié et le beau temps étaient au rendez-vous. Pendant trois jours, nous avons parlé des arbres, revoyant sujet par sujet la matière de mon livre qu'ils avaient déjà parcouru. Quel régal ! Quel privilège de pouvoir ainsi partager avec eux une passion dans un esprit de découverte et un enthousiasme face à l'avenir ! Mais surtout, ce fut pour moi une occasion unique de voir comment mon livre était reçu et de quelle manière il pouvait être utilisé. Je suis revenue de cette rencontre en noircissant déjà des pages de ce qui deviendrait mon prochain livre (c'est-à-dire celui que vous tenez dans vos mains). Un événement clé m'en avait donné l'impulsion.

Alors que nous étions devant les arbres pour parler d'architecture, dès le premier moment, ils m'ont demandé avec enthousiasme : « Par quoi je commence ? » J'ai aussitôt compris que je n'avais pas détaillé dans mon livre ce tout premier pas, c'est-à-dire ce qui se passe dans ce court laps de temps entre l'instant où je regarde un arbre pour la première fois et l'instant d'après où je nomme ses caractères architecturaux. Un geste bien concret rend cette première exploration efficace : le tracé d'un croquis. Il permet de faire un diagnostic rapide de l'architecture de l'arbre. J'ai mentionné son utilité dans mon premier livre en décrivant la méthode d'analyse architecturale. Mais je n'ai pas dit qu'il est également l'outil de celui qui fait une reconnaissance, un inventaire ou encore une évaluation de l'état du développement des arbres dans le but de faire un choix éclairé de ses interventions en gestion de l'arbre et de la forêt. Je n'avais pas décrit ce qu'implique concrètement le tracé d'un croquis.

Le livre *L'architecture des arbres des régions tempérées*, publié en 2012, répond abondamment aux trois questions : Qu'est-ce que l'architecture d'un arbre?, Que connaissons-nous de l'architecture des arbres des régions tempérées? et À quoi ça sert?. La matière est enfin disponible et utilisable. Le livre a été accueilli avec enthousiasme dans plusieurs domaines de pratique (arboriculture, foresterie, étude d'impact, inventaire, aménagement, etc.) ainsi que dans le milieu de la recherche scientifique (génétique, physiologie végétale, biologie du développement, biologie moléculaire, écologie, phylogenèse, etc.). Afin de faciliter encore plus l'utilisation des connaissances en architecture des arbres, je prends maintenant le temps de me déposer dans le concret d'une mise en pratique. Je tente de répondre en quelques pages à la question suivante : Comment je m'y prends pour faire le diagnostic de l'architecture d'un arbre? Par quoi je commence? Suivez le guide. C'est en répondant verbalement aux questions de mes amis que j'ai senti le besoin de clarifier mes mots. Voici le résultat de ma réflexion et l'enseignement qui en découle. Merci mes bons amis pour nos rencontres toujours aussi stimulantes!

Jeanne Millet

Table des matières

Introduction

U n arbre, c'est grand, c'est composé d'une multitude de branches qui peuvent sembler, aux yeux de certains, entremêlées ou du moins d'un design peu régulier. La connaissance de l'architecture des arbres permet d'appréhender ce désordre apparent et de reconnaître chez l'arbre un mode d'organisation. Toutefois, pour celui qui consulte pour la première fois le livre paru en 2012 ou tout article scientifique portant sur le sujet, l'architecture des arbres peut encore sembler être quelque chose de complexe. L'architecture d'un arbre fait référence aux caractéristiques et à la disposition relative des organes qui le composent. Une vingtaine de caractères permettent de la décrire. Une dizaine de concepts théoriques permettent de comprendre les différents agencements possibles des caractères architecturaux et leur dynamique d'évolution au cours de la vie de l'arbre. Un vocabulaire spécialisé accompagne le tout. Mais après avoir fait le tour de la question en 400 pages et 400 dessins (voir Millet, 2012), je me rends compte finalement que c'est tout simple, tellement simple que j'en viens à me demander comment j'ai fait pour mettre 20 ans à pouvoir le dire en quelques mots et quelques images.

Je prends ici pour défi de raconter l'arbre et son architecture en n'utilisant que des mots du langage courant. Comme une histoire, voici ce que j'ai compris des arbres et comment j'en arrive à proposer le diagnostic de leur architecture comme outil d'observation et de prise de décision. Celui qui veut approfondir sa connaissance du mode de développement des arbres pour pouvoir faire de meilleurs diagnostics aura vite besoin d'utiliser le vocabulaire spécialisé en architecture des arbres. Ce vocabulaire et d'autres mots utiles en botanique sont proposés en note de bas de page de manière que le lecteur puisse se référer directement aux définitions et aux explications parues dans le premier livre (Millet, 2012) ainsi que dans des ouvrages de botanique.

Ce guide de diagnostic se veut d'usage courant et rapide pour celui qui souhaite situer un arbre dans sa séquence de développement, interpréter son rapport à l'environnement et évaluer ses potentialités de croissance. Un bon diagnostic repose sur une compréhension de la dynamique de croissance des arbres. Je propose ici, en première partie, une vision simplifiée de ce qu'est l'architecture des arbres et la dynamique de leur développement. Ces quelques éléments de compréhension aideront le lecteur à évaluer ses besoins en termes de diagnostic, à se référer aux données présentées dans le premier livre (Millet, 2012) et à procéder lui-même à des diagnostics rapides. La procédure à suivre pour effectuer un diagnostic est présentée en deuxième partie.

PARTIE 1
LE DÉVELOPPEMENT DE L'ARBRE

Chapitre 1
Qu'est-ce qui motive fondamentalement la croissance d'un arbre?

P our comprendre de quelle manière la forme de l'arbre évolue au cours de sa vie, il est d'abord bon de se rappeler sa fonction qui a été acquise au cours de plusieurs millions d'années d'évolution.

Partons de ce qu'on observe aujourd'hui. Ce qui fait qu'un arbre est un arbre, c'est avant tout son tronc[1]. Tout le monde l'aura remarqué et c'est ce qui fait sa caractéristique première. Mais à quoi sert ce tronc? Le tronc permet à l'arbre d'atteindre rapidement et durablement les hauteurs pour un meilleur accès à la lumière (figure 1.1). Les branches portées par le tronc permettent, quant à elles, un étalement latéral du feuillage de manière à tirer profit au maximum de l'espace occupé. L'arbre cherche avant tout à étendre son feuillage pour une plus grande captation possible des rayons lumineux.

L'évaporation de l'eau par les feuilles active la circulation de la sève brute qui monte dans le tronc et les branches (figure 1.2). Cette eau vient des racines qui la puisent dans le sol avec les minéraux qu'elle contient. L'arbre capte la lumière, absorbe le gaz carbonique de l'air, puise l'eau et les minéraux du sol et transforme le tout[2] en nourriture qui lui sert pour se construire. Cette nourriture

---

1. Définition de l'arbre adoptée ici: plante autoportante atteignant au moins 5 mètres de hauteur et qui est munie d'un tronc.
2. Par l'intermédiaire de la photosynthèse.

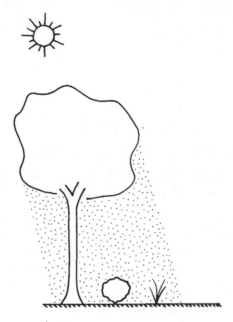

Figure 1.1 – L'arbre est le champion de la croissance en hauteur, ce qui lui donne un meilleur accès à la lumière. Son tronc lui permet d'accéder et de rester longtemps dans les hauteurs. Les branches de sa cime, étalées sur ses côtés et garnies de feuilles, augmentent sa surface de captation des rayons lumineux. Les plantes voisines, plus petites, reçoivent moins de lumière. ⠿ : ombrage.

est acheminée par la sève élaborée, du feuillage vers les racines, alimentant au passage toutes les parties de l'arbre[3].

Pourquoi tout ce travail ? Pourquoi la construction d'une plante géante munie d'un tronc ? Pour un seul objectif[4] : la floraison. C'est la production de fleurs, lesquelles donnent ensuite les fruits, qui permet à l'arbre d'assurer sa descendance[5]. On pourrait dire que le but de chaque arbre, comme celui de chaque plante, est d'assurer

---

3. Il ne s'agit ici que d'un très léger survol de la façon dont l'arbre se nourrit. Pour en savoir plus voir l'annexe 1 de Drénou, 1999 ou tout bon livre traitant de la biologie de l'arbre.

4. D'un point de vue évolutionniste.

5. On s'entend que la plante n'a pas de conscience, pas plus qu'elle n'a de volonté. Néanmoins, la sélection naturelle a mis en place certains mécanismes qui favorisent la reproduction.

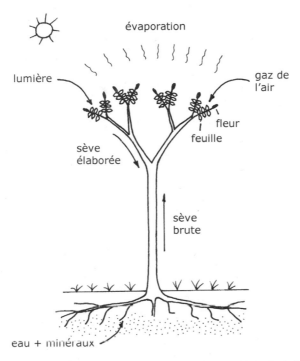

Figure 1.2 – L'arbre s'alimente par ses racines et son feuillage. À l'aide de la lumière (☼), ses feuilles transforment l'eau, les gaz et les minéraux en sucres (ou amidon). L'arbre s'en sert pour se construire et pour fleurir. Les flèches indiquent la porte d'entrée des éléments et le sens de circulation de la sève.

sa descendance. Toute sa vie, l'arbre transforme l'eau, les gaz et les minéraux en énergie (sucres, amidon). Il se sert de cette énergie non seulement pour construire son corps feuillé, mais également pour fleurir et fructifier, c'est-à-dire pour donner des fruits garnis de graines (figure 1.3). Les graines contiennent un germe muni d'une tige feuillée miniature[6], d'une racine tout autant miniature[7] et de deux réserves d'amidon[8].

---

6. Appelée tigelle.
7. Appelée radicelle.
8. Sous la forme de ce qu'on appelle les cotylédons, les toutes premières feuilles de l'embryon.

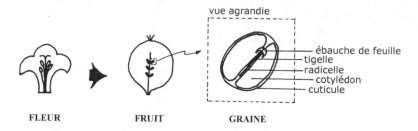

Figure 1.3 – La fleur, après fécondation, donne un fruit chargé de graines. Vues en coupes transversales.

Comparatif :

Quand vous mangez des arachides, vous vous nourrissez essentiellement de ces deux réserves d'amidon contenues dans la graine, les cotylédons. Séparez les deux parties de l'arachide et vous trouverez au centre, attaché à une extrémité, le germe de la plante qui attendait que la graine soit dans de bonnes conditions pour pousser. Si vous regardez de près, vous remarquerez de petites feuilles miniatures. Mais attention, l'arachide a été grillée. Elle ne pourrait plus pousser même si on la mettait en terre.

Chaque graine de l'arbre contient en quelque sorte un mini arbre, ou plus exactement un germe d'arbre, enfermé dans une enveloppe protectrice. Une graine peut rester vivante de quelques semaines seulement à 50 ans ou plus, le temps qu'elle trouve les bonnes conditions pour germer, c'est-à-dire un sol avec une humidité et une chaleur adéquates. La croissance d'un nouvel arbre reprend avec le même objectif que son parent : atteindre les hauteurs le plus vite possible, étendre son feuillage et fleurir afin de produire une nouvelle génération de graines (figure 1.4).

Toutes les plantes ont besoin de lumière, de gaz, d'eau et de minéraux. Mais chacune a trouvé sa spécialisation, s'adaptant à un type de milieu en particulier[9] pour diminuer autant que possible sa compétition avec les autres. Certaines plantes poussent au ras du sol, sachant résister à de forts vents ou à de fréquentes

---

9. Sa niche écologique.

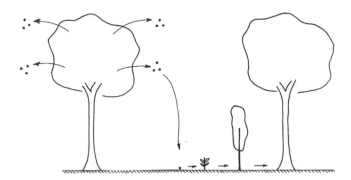

Figure 1.4 – Reproduction. Chaque graine produite par l'arbre a le potentiel de produire un nouvel arbre.

inondations. D'autres plantes occupent les sous-bois, s'accommodant d'une lumière tamisée et profitant d'une protection contre le gel et le dessèchement. Les arbres sont, de toutes les plantes, celles qui ont gagné le concours d'une occupation durable des hauteurs. En effet, l'arbre ne s'est pas limité à atteindre les hauteurs, mais aussi il s'est doté d'une façon de se construire qui lui permet d'y rester longtemps. Cela lui permet de tirer profit d'un grand accès à la lumière chèrement payé et aussi de fleurir en hauteur sur une longue période de temps. Son investissement est ainsi rentabilisé. La floraison peut s'étaler sur plus de 100 ans chez de nombreux arbres. Un seul arbre peut produire jusqu'à cent millions de graines au cours de sa vie. La production des graines dans les hauteurs favorise leur dispersion. Certaines graines, aidées par le vent, peuvent voyager sur des centaines de kilomètres de distance avant de se déposer au sol. Les arbres peuvent ainsi coloniser facilement des terres éloignées.

Le tronc des arbres, en plus de favoriser leur accès à la lumière et la dispersion de leurs graines, maintient loin du sol les jeunes pousses tendres et fragiles, les protégeant ainsi de nombreux facteurs de destruction tels le passage des feux et le broutage des animaux (figure 1.5).

Figure 1.5 – Les avantages d'un long tronc : un plus grand accès à la lumière (☼), une meilleure dispersion des graines (⋰) aidées par le vent, une protection des pousses tendres et fragiles (situées dans le haut de l'arbre) contre le passage des feux de surface (🔥), le broutage des animaux (🐑), le piétinement et les bris en tous genres (🛷).

Atteindre les hauteurs

Le talent de conquérant des hauteurs de l'arbre vient de son tronc. La croissance en longueur du tronc est plus rapide que celle des branches. Aussi, pendant toute la vie de l'arbre, le tronc augmente plus vite en diamètre (c'est-à-dire en épaisseur) que les branches. Une plus forte croissance en longueur et en diamètre donne au tronc ses fortes dimensions. Son bois, dur et résistant, lui assure une grande solidité. La fonction première du tronc est de supporter l'ensemble de la structure de l'arbre. La solidité et la longue durée de vie de l'arbre dépendent de lui.

Qu'est-ce que cela implique au niveau du mode de construction de l'arbre? Pour en avoir une idée, demandons-nous comment il est possible de passer de **a** à **b** à la figure 1.6?

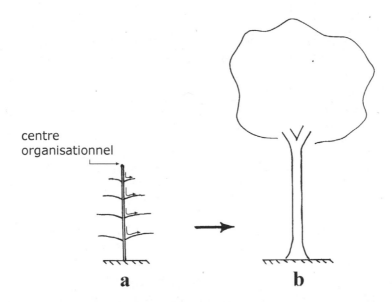

centre
organisationnel

a   b

Figure 1.6 – La construction du tronc. **a.** Jeune arbre. Le tronc est dominant sur les branches (système hiérarchisé), il pousse plus vite en longueur et en diamètre en plus d'être dressé. Des hormones sont émises par l'extrémité du tronc (centre organisationnel caché dans le bourgeon terminal) et envoyées jusqu'à l'extrémité des branches (↳) leur donnant le message de pousser moins vite et moins longtemps que le tronc. **b.** Arbre adulte muni d'un tronc. Les premières branches de l'arbre, celles qu'il a produites à bas âge **(a)**, sont maintenant tombées.

Que doit-il se passer chez le jeune arbre (figure 1.6a) pour que plus tard, après plusieurs années de croissance, il ne reste à hauteur des yeux qu'un tronc sans branches (figure 1.6b)? La tige principale du jeune arbre est *déjà* le futur tronc (figure 1.6a). Elle s'allonge plus vite que les branches qu'elle porte. Le centre organisationnel du jeune arbre se situe à l'extrémité[10] de son tronc. C'est à partir de là que des hormones sont émises. Elles voyagent dans la tige avec la sève jusqu'à atteindre l'extrémité des branches, leur transmettant le message de ne pas pousser trop vite. Le tronc se réserve le droit de pousser plus vite que les autres, en longueur et en diamètre. On dit que le tronc est dominant sur les branches. L'ensemble forme un tout

---

10. Au niveau de son méristème apical.

finement organisé. Il forme un système ramifié *hiérarchisé* dans le sens qu'une hiérarchie s'est établie entre les axes qui le composent.

Précision:

Au lieu du terme «tige», nous adoptons à partir de maintenant et pour la suite du texte, celui de «axe» qui peut désigner tout autant un tronc, une branche ou un rameau. Ainsi, nous évitons toute confusion avec le sens particulier que les forestiers donnent au mot tige. Un axe est une pièce allongée et mince au moment de sa formation, c'est-à-dire une structure linéaire, de son origine à son extrémité. L'arbre est composé de différentes catégories d'axe: tronc, branche, rameau, etc.

Comme dans toute hiérarchie, il y a un «leader» et chez le jeune arbre, le «leader», c'est le tronc. En plus de pousser plus vite, il a une plus longue durée de vie. Les branches qu'il porte vivent un temps seulement, servant entre autres à nourrir le tronc et l'aider à grossir en diamètre. Après quelques années, les petites branches meurent et tombent l'une après l'autre[11], depuis la base du tronc en montant. Pendant ce temps, le tronc continue à produire par le haut d'autres branches plus performantes encore.

Précision:

Une fois la branche apparue sur le tronc, son point d'attache reste toujours à la même hauteur par rapport au sol. La partie du tronc en dessous de la branche ne s'allonge pas. Ce n'est que l'extrémité du tronc qui s'allonge d'année en année. Les branches demeurent ainsi à la même hauteur jusqu'à ce qu'elles cessent de s'allonger, qu'elles meurent et qu'elles tombent. L'illusion que les branches montent le long du tronc en vieillissant et qui est reproduite dans certains dessins animés vient du fait que les branches produites par le tout jeune arbre sont petites par rapport à celles produites plus haut. Ces dernières sont d'emblée plus grandes au moment où elles apparaissent car elles s'allongent plus rapidement que celles du bas, ce qui peut laisser croire qu'elles ont mis plus d'années à pousser qu'en réalité.

---

11. Élagage naturel.

S'étaler dans les hauteurs

Une fois grand et muni de son tronc, l'arbre peut étaler son feuillage de chaque côté et multiplier ses points de floraison. Ses besoins en énergie sont grands. Il doit continuer à entretenir son tronc qui gagne toujours en diamètre, supportant son poids qui n'a de cesse d'augmenter. La production de ses graines échelonnée sur plusieurs dizaines, voire plusieurs centaines d'années, demande également une quantité croissante d'énergie. L'arbre a plus besoin de s'étendre dans l'espace disponible en hauteur que de trop grandir. Il a besoin de produire un nombre important de feuilles chaque année. Le meilleur moyen qu'il a trouvé pour étaler sa structure de façon efficace, sans trop grandir et tout en multipliant le nombre de ses axes producteurs de feuilles et de fleurs est de fourcher (figure 1.7).

Chaque fois qu'un axe fourche, il donne naissance à au moins deux autres axes. Chacun de ces axes en fourchant donne naissance à son tour à au moins deux autres axes et ainsi de suite. Le système de fourches est efficace pour multiplier le nombre d'axes d'un arbre tout en favorisant leur étalement latéral. Les axes, ou éléments, qui composent chaque fourche se ressemblent dans le sens qu'aucun n'est dominant sur l'autre. Ils se partagent l'espace et poussent de manière équivalente, en longueur et en diamètre.

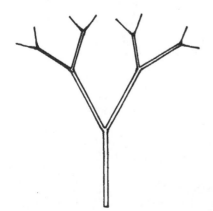

Figure 1.7 – Système de fourches. Un premier axe fourche et en donne au moins deux. Chacun des éléments (ou axes) de la première fourche produit ensuite une fourche. Dans l'exemple illustré, les quatre éléments qui en découlent produisent à leur tour une fourche, donnant au total huit éléments. Ainsi, trois épisodes de fourchaison donnent, à partir d'un seul premier axe, au moins huit éléments.

Deux plans d'organisation

On vient de décrire deux plans de construction très différents, c'est-à-dire deux plans d'organisation qui ont des bénéfices différents pour l'arbre. L'un favorise la croissance rapide d'un axe dominant (figure 1.8a) et en conséquence une croissance rapide en hauteur. L'autre favorise l'étalement latéral d'un nombre grandissant d'axes (figure 1.8b).

Le *système ramifié hiérarchisé*[12] se reconnaît par ses catégories d'axes différenciés (figures 1.8a et 1.9); le tronc se démarque des branches qu'il porte, chaque branche se démarque des rameaux qu'elle porte, etc. Un code est attribué aux différentes catégories d'axe de manière à reconnaître leur ordre de dominance. Le tronc, désigné axe 1 (A1), est l'axe le plus dominant de tous. Il est central et dressé, il pousse plus vite que les autres, il augmente plus vite en diamètre, etc. Les branches produites par le tronc sont désignées axes 2 (A2). Elles sont disposées tout autour du tronc[13]. Selon les espèces, les

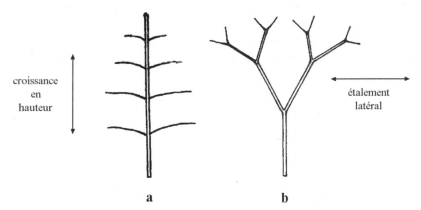

croissance
en
hauteur

étalement
latéral

a   b

Figure 1.8 – Deux plans d'organisation aux bénéfices différents. **a.** Le système ramifié hiérarchisé favorise une croissance efficace en hauteur. **b.** Le système de fourches favorise un étalement latéral d'axes qui se multiplient en nombre.

---

12. Résultant d'un plan d'organisation hiérarchique.
13. Donnant au tronc une symétrie radiale, une caractéristique de l'axe orthotrope.

branches sont plus ou moins inclinées, jusqu'à l'horizontale. Plus la branche est proche de l'horizontale[14], plus on dit qu'elle est fortement différenciée du tronc et plus elle a tendance à disposer les rameaux qu'elle porte dans un plan lui-même horizontal[15]. Pour observer la disposition des rameaux (A3) sur une branche horizontale (A2), il est préférable de se positionner en dessous de celle-ci (figure 1.9b). Les rameaux (A3) portent des rameaux encore plus petits (A4). D'une catégorie d'axe à l'autre, leurs dimensions diminuent ainsi que le nombre de feuilles produites dans une saison. Le mode de croissance et de ramification de l'axe, sa symétrie et la disposition de ses feuilles sont autant de caractères qui peuvent être différents d'une catégorie d'axe à l'autre. Les caractéristiques de chaque catégorie d'axe, selon l'espèce, sont fournies dans le premier livre (voir les tableaux du chapitre 13 de Millet, 2012).

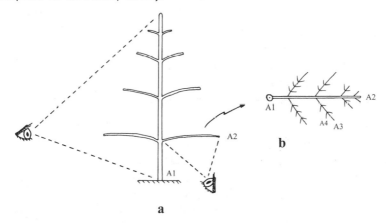

Figure 1.9 – Les catégories d'axe dans un système ramifié hiérarchisé. **a.** Arbre entier vu de côté. Le tronc (A1) est dressé, il est l'axe dominant. Les branches (A2) sont disposées tout autour du tronc (celles qui viennent vers l'avant et qui vont vers l'arrière ne sont pas illustrées). Les branches se ramifient dans un plan horizontal difficile à reconnaître de côté. **b.** Branche (A2) vue du dessous mettant en évidence la disposition latérale des rameaux (A3) et des petits rameaux (A4) portés par les A3. A = axe, le chiffre indique le rang de dominance de l'axe.

14. Une caractéristique de la branche plagiotrope.
15. Ce qui lui donne une symétrie bilatérale avec dorsi-ventralité, résultat d'une prédomi-nance amphitone des rameaux sur la branche.

Les axes de dernière catégorie, c'est-à-dire les plus petits, sont de façon générale les premiers à fleurir. En d'autres mots, ils atteignent plus rapidement la maturité sexuelle que les axes longs. Les axes de premières catégories (les plus longs) sont spécialisés dans une croissance rapide jusqu'à ce que celle-ci diminue en fin de vie[16] à l'approche de leur propre maturité sexuelle. Chaque espèce d'arbre est caractérisée par un nombre maximum de catégories d'axe atteint à maturité. Par exemple, le noyer noir (*Juglans nigra*) et l'érable sycomore (*Acer pseudoplatanus*) se rendent jusqu'en A3, l'érable à sucre (*Acer saccharum*) et le bouleau jaune (*Betula alleghaniensis*) jusqu'en A4, le tilleul d'Amérique (*Tilia americana*) et le hêtre à grandes feuilles (*Fagus grandifolia*) jusqu'en A5, le cèdre de l'ouest (*Thuja plicata*) et le cyprès de Lawson (*Chamaecyparis lawsoniana*) jusqu'en A6. Le bourgeon terminal du tronc, ou plus précisément son extrémité[17] protégée par le bourgeon (siège du centre organisationnel), est le grand gardien de l'ordre établi entre toutes les catégories d'axe. Coupez la tête du jeune arbre et c'est toute l'organisation du système ramifié qui est bouleversée (chapitre 4). Le maintien de la hiérarchie au sein du système ramifié chez le jeune arbre est garante de l'établissement d'un tronc unique et fort.

Le *système de fourches*[18] se reconnaît quant à lui... à ses fourches (figures 1.8b et 1.10). Les éléments qui composent la fourche sont considérés équivalents; leur taux de croissance, tout comme leur orientation et leur vitesse de maturation sont équivalents. Par ailleurs, toutes les catégories d'axe peuvent fourcher. Ce peut être un tronc qui fourche (figure 1.10a), une branche (figure 1.10b), un rameau, etc. Un tronc qui fourche produit des éléments de fourche qui se comportent comme des troncs. Une branche qui fourche produit des éléments de fourche qui se comportent comme des branches, etc.

---

16. La durée de vie de l'axe dépend de sa catégorie.
17. Son méristème apical.
18. Système ramifié polyarchique, ou système divariqué, résultant d'un plan d'organisation polyarchique.

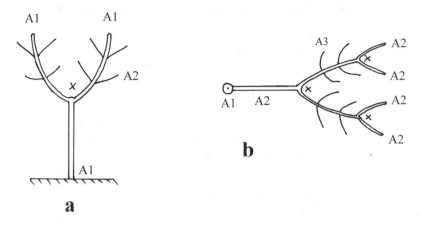

Figure 1.10 – Le système de fourches. Il reproduit en plusieurs exemplaires une même catégorie d'axes. **a.** Tronc (A1) fourché. **b.** Branche (A2) fourchée, vue du dessous. A = axe, le chiffre indique son rang de dominance, x : mortalité de l'extrémité de l'axe, ce qui implique l'arrêt de sa croissance en longueur. Tiré de Millet, 2012.

**Comprendre et reconnaître la différence
entre le système ramifié hiérarchisé et le système
de fourches est un élément clé pour pouvoir faire
le diagnostic de l'architecture d'un arbre**

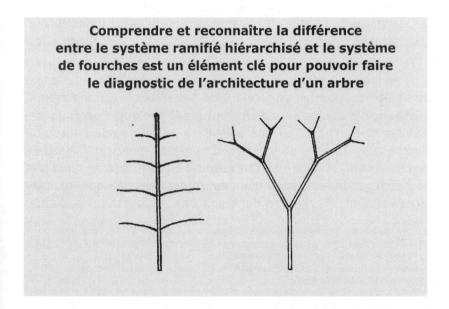

Les conditions favorables à l'établissement d'un tronc

L'arbre est avant tout programmé génétiquement pour pousser de façon hiérarchisée, du moins le temps qu'il mette en place son tronc. Sans hiérarchie, il n'y aurait pas de tronc. Tous les arbres ont besoin de hiérarchie pour une croissance efficace en hauteur et l'établissement d'un tronc fort et résistant. La hiérarchie est un plan d'organisation codé génétiquement qui s'exprime dans la mesure où les conditions du milieu sont propices. Les conditions propices à la hiérarchie du système ramifié sont différentes selon l'espèce et le mode de vie auquel il est adapté (figure 1.11). Par exemple, le bouleau gris (ou bouleau à feuilles de peuplier, *Betula populifolia*) aime profiter de la pleine lumière. S'il en manque, il a aussitôt tendance à fourcher[19]. L'érable à sucre et le hêtre commun (*Fagus sylvatica*) expriment quant à eux la plus grande hiérarchie dans leur structure dans des conditions de semi-clarté en sous-bois. Trop d'ombre ou trop de lumière et ils ont aussitôt tendance à fourcher[20], ce qui nuit à l'établissement d'un tronc unique. Lorsque les arbres sont soumis aux conditions de croissance auxquelles ils sont adaptés, ils sont au meilleur d'eux-mêmes pour construire leur tronc. Celui qui s'intéresse à la qualité des troncs n'a d'autre choix que de s'intéresser à l'écologie des arbres (voir le chapitre 16 de Millet, 2012).

Une fois le tronc établi, la majorité des arbres ont en plus la possibilité de fourcher (figure 1.12). À maturité, certains arbres fourchent du tronc de manière tout à fait typique[21] (exemples : érables, chênes) quelles que soient les conditions du milieu, la fourche faisant partie de leur séquence de développement (codée génétiquement) (chapitre 3). Chaque élément de la fourche reproduit alors le fonctionnement du jeune arbre avec ses catégories d'axe caractéristiques[22]. L'arbre dans son ensemble est un système

---

19. Fourche latente; fourche induite par des conditions limitantes de l'environnement.
20. Fourche latente dans le cas d'un manque de lumière et fourche maîtresse prématurée lorsqu'elle est induite par un excès de lumière.
21. Fourche maîtresse; une fourche à caractère permanent associée à la maturité de l'arbre, donc codée génétiquement.
22. Résultat d'une réitération totale du mode de développement caractéristique du jeune arbre.

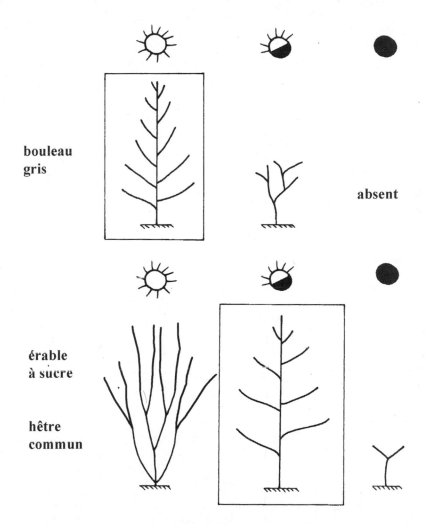

Figure 1.11 – Luminosité propice à l'établissement d'un tronc unique. Le bouleau gris exprime la plus grande hiérarchie pendant son développement lorsqu'il est en pleine lumière (☼) tandis que l'érable à sucre et le hêtre commun préfèrent la semi-clarté des sous-bois (◑). Dans la pénombre d'un sous-bois dense (●), le jeune arbre chez ces espèces fourche ou est absent.

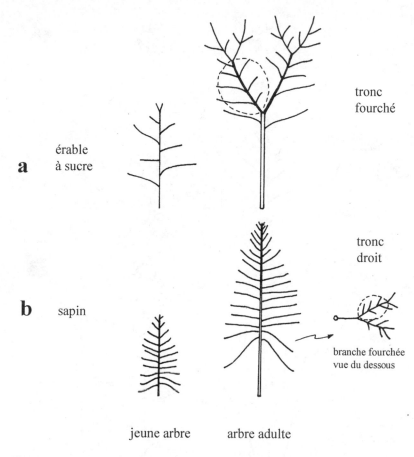

Figure 1.12 – Passage du jeune arbre à l'arbre adulte avec ou sans fourche.
a. Le jeune érable à sucre a un développement hiérarchisé, tandis qu'à maturité il fourche du tronc. Chaque élément de fourche (⃝) représente individuellement un système hiérarchisé. **b.** Le sapin a un développement hiérarchisé sur la plus grande partie de sa vie. L'arbre adulte fourche surtout des branches. ⃝ : structure hiérarchisée entrant dans la composition du système de fourches (à l'échelle de l'arbre ou de la branche).

de fourches, mais chaque élément de la fourche représente individuellement un système ramifié hiérarchisé. C'est l'un dans l'autre; l'unité hiérarchisée entre dans la composition du système de fourches (figure 1.12a). D'autres arbres, par exemple le peuplier faux-tremble (*Populus tremuloides*), le sapin, l'épinette, se limitent quant à eux à fourcher des branches (figure 1.12b). Une fourche du tronc indiquerait chez ces espèces une difficulté de l'arbre à pousser normalement. Il y aurait de fortes chances que ce soit dû à un traumatisme ou à des conditions de croissance difficiles.

La possibilité de fourcher chez les arbres leur donne une flexibilité de la forme (chapitre 2). Hiérarchie et fourches sont complémentaires dans la vie des arbres.

Ce qui a été vu et ce qui vient

Ce premier chapitre a porté sur la hiérarchie qui existe au sein du système ramifié et qui est essentielle au développement du tronc de l'arbre. Il s'agit d'un caractère acquis au cours de l'évolution des plantes, transmis génétiquement et qui assure aux arbres leur suprématie en termes de compétition pour la lumière. Il a également été question de la fourche qui peut compléter le développement de l'arbre et lui permettre d'étaler latéralement son feuillage. La fourche du tronc peut faire partie intégrante de la séquence de développement de l'arbre, donc être codée génétiquement et survenir à un moment précis de son développement, ou n'être qu'une alternative chez les arbres qui ont de la difficulté à exprimer leur hiérarchie en raison de conditions de croissance difficiles. Seule une connaissance de la séquence de développement propre à l'espèce permet de faire la différence (chapitre 3). Pour les besoins du diagnostic, il est primordial de savoir distinguer le système ramifié hiérarchisé du système de fourches. C'est l'élément de base qui sert à déterminer la position de l'arbre dans sa séquence de développement et à interpréter sa réaction de croissance à l'environnement (chapitres 4 et 6). Mais d'abord, voyons au chapitre 2 comment ces deux modes de construction de l'arbre peuvent parfois alterner sans pour autant nuire à l'établissement d'un tronc.

Chapitre 2
Trois modes de construction du tronc

La hiérarchie entre les axes permet à un tronc de s'établir, d'atteindre les hauteurs et de supporter le poids de l'arbre pendant toute sa vie. Tout en faisant appel à la hiérarchie, il y a différentes manières pour un arbre d'établir son tronc. Cela s'accorde avec le fait que tous les arbres ne colonisent pas le même type d'environnement (figure 2.1). Ils ont évolué différemment selon les cas. Certains arbres poussent toute leur vie en pleine lumière (figure 2.1a), préférant coloniser des terres qui ont été récemment remuées, brûlées, rasées par des tornades ou tout simplement coupées par l'homme pour l'exploitation du bois. D'autres espèces d'arbres poussent naturellement en sous-bois lorsqu'ils sont jeunes, donc à l'ombre d'autres arbres, s'accommodant mieux de l'ombrage ou du moins d'une semi-clarté à bas âge (figure 2.1b). À maturité seulement, ils atteignent la voûte de la forêt et ils ont accès à la pleine lumière. D'autres espèces enfin poussent toute leur vie à l'ombre des autres (figure 2.1c). Plus petits, on les remarque moins. Prenons en exemple l'érable de Pennsylvanie (*Acer pensylvanicum*), une espèce nord-américaine. On le remarque surtout lorsqu'il a une petite taille au point que certains le prennent pour un arbuste. Mais il atteint pourtant 10 mètres de hauteur à maturité. Il passe toute sa vie sous la voûte forestière, dominé mais aussi protégé par les arbres plus grands.

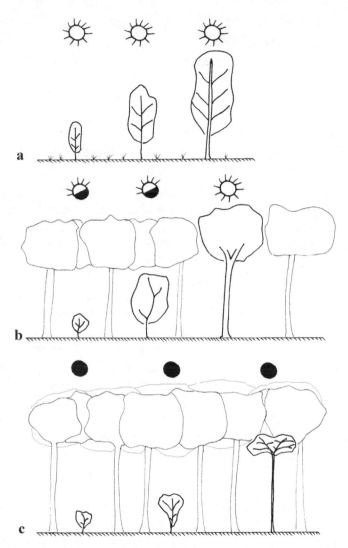

Figure 2.1 – Mode de vie et accès à la lumière. **a.** Le bouleau gris profite toute sa vie de la pleine lumière en milieu ouvert (☼). **b.** L'érable à sucre et le hêtre commun préfèrent vivre en sous-bois (🌤) lorsqu'ils sont jeunes et percent la voûte forestière à maturité, gagnant ainsi un accès à la pleine lumière (☼). **c.** L'érable de Pennsylvanie est adapté à passer sa vie entière à l'ombre (●) des grands arbres dans des forêts matures et denses.

La spécialisation des arbres, selon qu'ils préfèrent pousser dans un type d'environnement ou un autre, est accompagnée de diverses stratégies de construction de leur tronc. Toutes découlent d'une hiérarchie établie entre les catégories d'axes, mais la hiérarchie peut prendre des pauses[23] et la dominance du tronc peut être relayée à des axes[24] qui se succèdent et qui participent tour à tour à la construction du tronc. Nous présentons ici trois modes de construction du tronc, les trois modes les plus communément rencontrés chez les arbres des régions tempérées (annexe 1). Le lecteur qui s'intéresse à la stratégie toute particulière de l'érable de Pennsylvanie, appelée croissance d'établissement[25], est invité à consulter le premier livre (Millet, 2012).

La montée en solo[26]

Exemples : peuplier faux-tremble, bouleau gris, frêne d'Amérique (*Fraxinus americana*), sapin, épinette ou épicéa.

La première façon de construire un tronc, la plus simple et la plus rapide, vient du travail d'une seule tige qui s'allonge d'année en année jusqu'à ce que le tronc soit entièrement construit (figure 2.2). Cela peut prendre 20 à 30 ans chez le frêne d'Amérique (soit jusqu'à l'atteinte de sa maturité sexuelle), 100 ans chez le peuplier faux-tremble (équivalant à sa longévité) et 800 ans chez le sapin blanc (*Abies alba*) (équivalant à sa longévité). Le bout de la tige s'allonge durant l'été et prend un repos pendant l'hiver, mais c'est toujours la même extrémité de tige qui reprend sa croissance d'année en année. Si on regarde à l'intérieur du bourgeon qui est au bout du jeune tronc à la fin de l'été, on voit en miniature la portion de tige et ses feuilles déjà prêtes à s'allonger pour l'année d'après.

---

23. Alternance de phases de développement hiérarchiques et polyarchiques.
24. Ou modules.
25. Chez l'érable de Pennsylvanie, la croissance d'établissement répond à une suite de modèles architecturaux emboîtés, un «Tomlinson de Mangenot de Rauh» (annexes 1 et 2).
26. Le tronc construit par montée en solo est un monopode. La montée en solo est l'équivalent de la modalité d'édification du tronc «fort en tête» de Caraglio, cité par Boutaud (2003). Le développement des arbres concernés répond au modèle architectural de Rauh, de Massart ou d'Attims (annexe 2).

Le bourgeon et ses écailles protègent pendant l'hiver les tissus tendres de la prochaine pousse. Au printemps, quand les bourgeons débourrent, la petite tige et ses feuilles cachées dans le bourgeon se gorgent d'eau et s'allongent. Les écailles du bourgeon, qui les recouvraient jusque-là, s'ouvrent et tombent. La tige s'allonge tout en déployant ses feuilles, puis au cours de l'été, elle peut encore en produire de nouvelles jusqu'à ce que son fonctionnement ralentisse et qu'elle mette en place un nouveau bourgeon. Étant donné que le tronc met plusieurs années à s'allonger et que son extrémité entre en repos chaque hiver, cachée dans un bourgeon, on peut voir après coup sur l'écorce du tronc des marques, une série de petites lignes rapprochées; chaque année, des cicatrices sont laissées par les écailles tombées du bourgeon (figures 2.2 et 2.3).

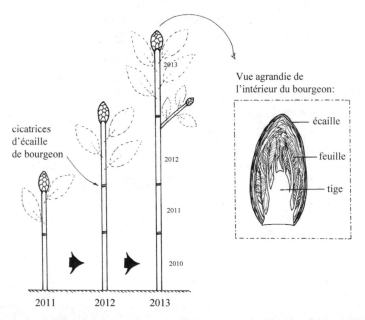

Figure 2.2 – La montée en solo. L'extrémité du tronc s'allonge d'année en année et prend un repos hivernal à l'état de bourgeon. Exemple d'un jeune plant âgé de 4 ans en 2013. Les cicatrices d'écaille visibles sur le jeune tronc délimitent les segments d'axe (ou unités de croissance) établis chaque année. ▪: limite d'unité de croissance.

Dans la partie jeune du tronc, celle du haut, on peut repérer sur l'écorce encore mince des marques qui datent de plusieurs années et comparer les longueurs des portions de tige[27] établies chaque année.

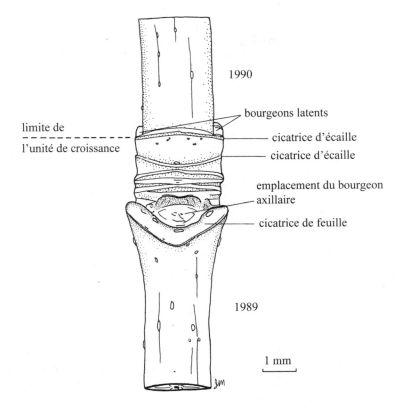

Figure 2.3 – Exemple de cicatrices laissées par les écailles tombées du bourgeon chez l'érable à sucre. Ces cicatrices délimitent deux portions de tige (ou unités de croissance) poussées deux années différentes (ici 1989 et 1990).

---

27. Pousse annuelle ou unité de croissance.

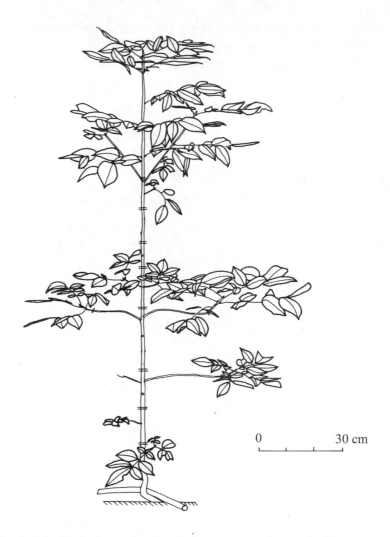

0   30 cm

Figure 2.4 – Mode de construction du tronc par montée en solo chez un jeune plant de frêne d'Amérique. = : limite d'unité de croissance.

Il peut arriver que des marques plus fines et moins nombreuses apparaissent entre deux limites de croissance annuelles et témoignent d'arrêts de croissance de l'arbre pendant l'été[28]. Ces marques étant généralement plus fines et moins nombreuses que celles laissées par les bourgeons hivernaux, il demeure possible de les distinguer.

La montée en solo est la manière la plus rapide et la plus efficace de construire un tronc. Les espèces d'arbres qui en sont capables sont en général celles qui réussissent le mieux à pousser en pleine lumière. Le peuplier faux-tremble est un bon exemple. Après une coupe de la forêt ou le passage d'un feu, lorsqu'il n'y a plus d'arbres et que la lumière est forte jusqu'au sol, il est le premier à s'installer. Il est rapide à pousser. De plus, il produit des drageons à partir de ses racines. Très vite, il occupe tout l'espace. Il se forme bientôt une forêt de peupliers faux-trembles, avant même que d'autres espèces d'arbres aient eu le temps de s'installer. Par contre, le peuplier faux-tremble fait tout rapidement : il pousse vite, il fleurit vite et il meurt vite. Son espérance de vie est d'à peu près 100 ans. Pour un arbre, c'est peu. Le peuplier faux-tremble n'est pas capable de pousser à l'ombre. Conséquemment, on ne trouve pas de petits peupliers faux-trembles dans le sous-bois d'une forêt. Ses graines sont légères. Elles voyagent loin, aidées par le vent, ce qui leur permet d'aller coloniser d'autres terres dénudées. Là où il y a de gros peupliers faux-trembles, la forêt se prépare déjà à changer de composition. D'autres sortes d'arbres poussent sous les peupliers, des arbres qui s'accommodent bien de leur ombrage, qui l'apprécient même. Ainsi, les peupliers seront voués à être remplacés par d'autres sortes d'arbres au fur et à mesure que les premiers mourront et que les autres grandiront. La forêt de peupliers faux-trembles est passagère. L'avantage, c'est qu'elle prépare le terrain pour d'autres arbres qui aiment pousser à l'ombre.

---

28. Ce phénomène, appelé polycyclisme (plusieurs périodes de croissance pendant une même saison), s'observe couramment chez quelques espèces d'arbres des régions tempérées, par exemple chez le chêne rouge (*Quercus rubra*), ainsi que sur des axes particulièrement vigoureux chez d'autres espèces (par exemple des rejets de souche). La pousse annuelle polycyclique comprend plusieurs unités de croissance.

La montée à relais[29]

Exemples: érables, frêne rouge (*Fraxinus pennsylvanica*), frêne à fleurs (*Fraxinus ornus*)

La deuxième façon de construire un tronc fait penser à une course à relais, bien qu'elle soit généralement moins rapide que la montée en solo. Elle fait appel à des relais. Le bout de la première tige au sortir de la graine s'allonge pendant plusieurs années avec des périodes de repos en hiver (comme pour la montée en solo), puis à un moment donné, il meurt (figure 2.5a). C'est seulement le bout de la tige qui meurt[30]. Cela se produit naturellement, sans que ce soit associé à un traumatisme comme une cassure, un gel ou une piqûre d'insecte. Il s'agit plutôt d'une réponse à un état de maturation. Tout se passe comme si le bout de la tige avait atteint une maturité suffisante pour fleurir, mais qu'il n'y parvenait pas parce que l'arbre n'a pas atteint la maturité sexuelle. L'allongement de la tige prend seulement fin, de sorte qu'il ne se forme pas de bourgeon. L'allongement du tronc semble compromis. Mais ce n'est que temporaire. Au printemps suivant, deux petits bourgeons situés sur le côté de la tige, tout près de son extrémité morte, vont profiter de l'absence de contrôle normalement prodiguée par l'extrémité du jeune tronc. Ils se développent plus vite que les autres. Ils donnent deux tiges qui forment une fourche[31] dans le haut du plant. Ces deux nouvelles tiges se font concurrence pendant un moment à savoir laquelle va prendre la relève de la construction du tronc. Au début, elles sont toutes les deux fortes et disposées à le faire. Mais il n'en faut qu'une. Au bout d'un moment (le même été ou quelques années plus tard), la plus forte des deux s'impose. Elle se redresse et pousse encore plus vite que sa rivale tandis que cette

---

29. Le tronc construit par montée à relais est un sympode. La montée à relais est l'équivalent de la modalité d'édification du tronc «indifférent» de Caraglio, cité par Boutaud (2003). Le développement des arbres concernés répond au modèle architectural de Koriba (annexe 2).

30. Il se produit un avortement spontané de son apex, soit par dessèchement, soit par la transformation des cellules du méristème en parenchyme.

31. Appelée fourche récurrente, il s'agit d'une fourche à caractère temporaire associée à la maturité de l'arbre.

dernière, ayant perdu la course, s'affaisse et prend un rôle de branche. L'arbre a toutefois besoin des deux. Il a besoin d'une tige forte pour reprendre la croissance de son tronc. Mais il a aussi besoin de sa rivale qui va donner une grande branche, plus grande que les autres branches, qui saura aller chercher la lumière loin sur les côtés. Sa grande force ne l'empêche pas de pousser à l'horizontale lorsque les conditions sont favorables. Une fois affaissée, elle ne se redresse plus.

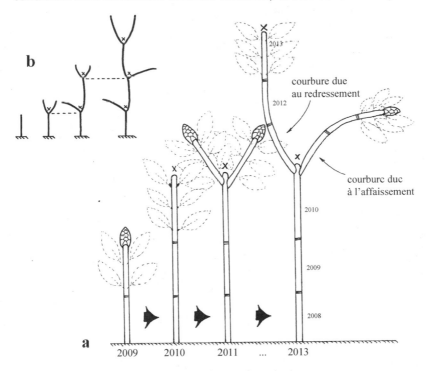

Figure 2.5 – La montée à relais. **a.** Exemple d'un jeune plant âgé de 6 ans en 2013. Alternance de périodes de croissance linéaire de plusieurs années (ici de 2008 à 2010 et de 2011 à 2013) et de mortalité de l'extrémité du tronc (2010 et 2013) avec mise en place d'une fourche (2011 et à venir en 2014). Un élément de la fourche se redresse et prend la relève de la construction du tronc tandis que l'autre s'affaisse et donne une grande branche. **b.** Schéma illustrant deux épisodes de fourche avec un redressement et un affaissement secondaires. ▪ : cicatrices laissées par les écailles du bourgeon, à la limite de deux unités de croissance, x : mortalité de l'extrémité de l'axe.

31

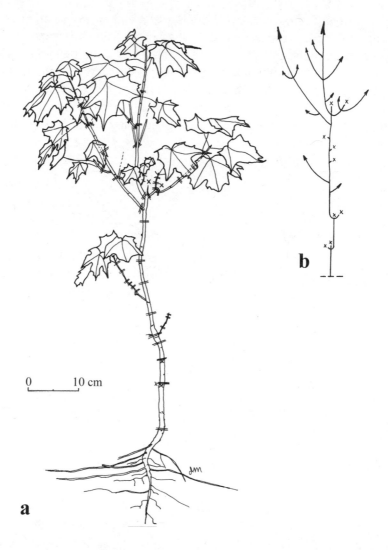

Figure 2.6 – Mode de construction du tronc par montée à relais chez un jeune plant d'érable à sucre poussé en forêt. Les deux éléments de fourche se font concurrence jusqu'à ce qu'éventuellement l'un des deux impose sa dominance. **a.** Vue d'ensemble. **b.** Schéma illustrant l'empilement des modules du tronc. = : limite d'unité de croissance, x : mortalité de l'extrémité de l'axe.

La tige qui s'est redressée (figure 2.5a) pousse en hauteur et participe pendant plusieurs années à la construction du tronc. Puis, son extrémité meurt à son tour et une deuxième fourche apparaît dans le haut du jeune arbre (figure 2.5b). Encore une fois, une concurrence a lieu entre deux tiges fortes jusqu'à ce que l'une des deux l'emporte sur sa rivale, se redresse et reprenne la croissance du tronc. La tige rivale s'affaisse et donne une deuxième grande branche. Les tiges gagnantes s'empilent les unes sur les autres pour produire le tronc. Le long du tronc, les grandes branches alternent avec de plus petites branches (non illustrées à la figure 2.5).

Quand une branche se redresse ou s'affaisse, il reste à sa base une courbe qui témoigne de son changement d'orientation (figure 2.5a). Ainsi, le tronc du jeune arbre apparaît un peu tortueux[32] à cause des courbures laissées par le redressement des tiges devenues relais. De la même manière, les grandes branches gardent une courbure à leur base en souvenir de leur affaissement. Cette courbure rappelle que la tige a d'abord été plus dressée, formant une fourche, avant de s'affaisser pour devenir une branche. Les courbures des tiges redressées et affaissées peuvent rester visibles un certain temps. Après quelques années, grâce à l'augmentation en diamètre du tronc due à l'accumulation des couches de bois, ces courbes s'effacent lentement jusqu'à souvent ne plus paraître. Les courbures de jeunesse n'empêchent pas l'arbre adulte d'avoir un tronc droit et élancé, surtout quand les redressements et les affaissements se font rapidement et ne laissent que de petites courbures chez le jeune arbre. Elles sont alors plus facilement cachées par le bois (figure 2.7).

La montée à relais est une manière très pratique de construire un tronc pour les arbres qui poussent à l'ombre d'autres arbres. Elle prend plus de temps que la montée en solo (par exemple : 75 ans chez un érable à sucre en sous-bois comparé à 30 ans chez le frêne d'Amérique), mais elle donne en revanche à l'arbre un grand avantage : une grande flexibilité de sa forme. Chaque fois qu'une fourche

---

32. Forme en baïonnette.

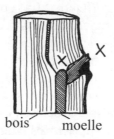

bois   moelle

0,5 cm

Figure 2.7 – Coupe longitudinale d'un jeune tronc d'érable à sucre (stade de jeune plant). L'accumulation des cernes annuels de bois cache avec le temps la courbure de la tige qui s'est redressée après avoir pris le relais du tronc. La moelle au centre de la tige témoigne de l'événement passé il y a une dizaine d'années. Son petit diamètre, au départ du relais, indique qu'il s'agissait au début d'un bourgeon. Le deuxième élément de la fourche est mort après avoir joué pendant quelques années un rôle de rameau latéral. x : mortalité de l'extrémité de l'axe.

apparaît, c'est pour l'arbre une occasion d'étendre son feuillage sur les côtés (voir la figure 2.6). Cela l'aide à capter plus de lumière lorsqu'il y en a peu autour de lui et qu'il a peine à pousser en hauteur avec force. La fourche reste en place tant que l'arbre en a besoin. Une fois que l'arbre est assez fort ou qu'il reçoit assez de lumière, il se redresse et reprend la montée de son tronc. L'arbre a le choix de se redresser plus ou moins rapidement selon ses besoins, ce qui lui permet de s'adapter aux conditions du milieu. C'est ce qui permet à l'érable à sucre, par exemple, de pousser tranquillement dans les sous-bois sans trop souffrir du manque de lumière et de poursuivre sa croissance en hauteur dès que les conditions le lui permettent. Ces changements possibles de forme permettent aux arbres de survivre à des conditions changeantes de luminosité. Bien adaptés, les jeunes érables à sucre peuvent ainsi pousser à l'ombre des vieux érables. Conséquemment, la forêt d'érables à sucre est en mesure de se renouveler en érables pendant une longue période de temps. Seule une forte perturbation (chablis, coupe totale) peut provoquer le retour des arbres de lumière (peuplier faux-tremble, bouleau). Tant que ce n'est qu'un arbre qui tombe de temps en temps, un jeune érable à sucre déjà en place dans le sous-bois pourra profiter de la lumière qui passe par la trouée de la voûte. Il se mettra à pousser plus vite en hauteur et il comblera bientôt le trou de la voûte.

La montée inclinée[33]

Exemples : pruche du Canada (*Tsuga canadensis*), hêtre à grandes feuilles, tilleul à petites feuilles (*Tilia cordata*)

La troisième façon de construire un tronc est encore plus sophistiquée. La tige qui sert à construire le tronc pousse d'abord à l'horizontale. Pendant toute la croissance du tronc, son extrémité, la tête du jeune tronc, est toujours penchée[34] (figure 2.8). Ce n'est pas par faiblesse. C'est sa façon de pousser et cela ne l'empêche pas de pousser vite. Il y a simplement un décalage entre son allongement et son redressement. La tige, une fois longue, se redresse progressivement de bas en haut et le tronc s'élève. Il peut arriver à un moment donné que la tige arrête de se redresser et que sa croissance ralentisse. Sa partie inclinée se met alors à se comporter comme une branche tandis qu'un petit rameau apparu sur son côté, dans sa partie courbée, prend la relève (figure 2.8a, b). Ce petit rameau se met à pousser très vite, toujours en ayant la tête penchée, tout en se redressant progressivement à partir de sa base. Il va ainsi participer à son tour à la construction du tronc. Puis à un moment donné, comme pour le premier segment du tronc, il va se mettre à pousser moins vite et à cesser de se redresser. Sa partie restée penchée va donner une branche. Encore une fois, un rameau sur son côté prendra le relais. Au final, le tronc résulte de l'empilement de plusieurs tiges qui ont poussé de façon inclinée mais qui se sont chacune redressée en partie.

---

33. Le développement de l'arbre répond au modèle architectural de Troll (annexe 2) sous deux formes possibles selon qu'il implique un seul module ou plusieurs modules empilés. Dans le premier cas, le tronc, une fois construit, est un monopode. Dans le second, le tronc est un sympode. La montée inclinée est l'équivalent de la modalité d'édification du tronc « indécis » de Caraglio, cité par Boutaud (2003).
34. Extrémité plagiotrope d'un axe dont la base est orthotrope (axe autodifférencié).

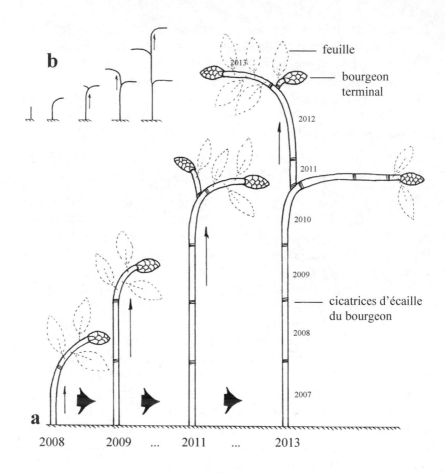

Figure 2.8 – La montée inclinée. **a.** Exemple d'un jeune plant âgé de 7 ans en 2013. L'extrémité du tronc est inclinée au moment où elle s'allonge, puis la tige se redresse du bas vers le haut (↑). En 2011, l'extrémité du tronc s'est allongée mais elle ne s'est pas redressée par la suite. En 2012, un axe d'origine latérale a pris le relais, poussant plus vite que l'ancienne extrémité et se redressant. **b.** Schéma illustrant deux épisodes de transfert de dominance à un relais avec redressement secondaire. ▪ : limite d'unité de croissance.

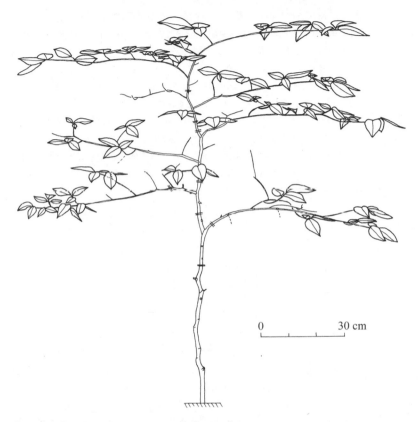

Figure 2.9 – Mode de construction du tronc par montée inclinée chez un jeune plant de hêtre à grandes feuilles ayant poussé en forêt. = : limite d'unité de croissance.

La montée inclinée est une autre manière de construire un tronc très utile aux arbres qui poussent à l'ombre. Comme pour la montée à relais, elle donne à l'arbre la possibilité de changer de forme facilement, plus facilement encore lorsqu'il y a empilement de modules puisque c'est un petit rameau qui se redresse et non pas un élément de fourche qui devient de plus en plus gros et difficile à redresser avec le temps. La montée inclinée permet aux arbres de survivre dans des conditions difficiles et de reprendre leur croissance en hauteur lorsque c'est possible. La tête penchée favorise un étalement du feuillage à l'horizontale, ce qui aide l'arbre à capter la lumière. L'arbre a le choix de se redresser plus ou moins rapidement selon ses besoins et ses possibilités. Par manque de lumière, il peut garder la tête penchée très longtemps, mettant le peu d'énergie dont il dispose à s'étendre sur les côtés. Lorsqu'il a pris assez de force ou qu'il y a assez de lumière, un petit rameau sur son côté se met à pousser et à se redresser, formant une autre partie du tronc. La vitesse de redressement des tiges peut être plus ou moins grande et ainsi s'ajuster selon l'arbre et le contexte.

C'est grâce à ce mode de construction que la pruche du Canada fait partie des champions en survie sous conditions de fort ombrage en sous-bois, tout en étant capable de faire sa place dans les hauteurs de la forêt au fur et à mesure de ses possibilités. Peu lui importe que ce soit long ou pas. Elle a tout son temps. Elle est bien équipée en branches tout le long de son tronc. Elle peut même remplacer au besoin ses branches vieillissantes les plus basses en en produisant de nouvelles à partir de petits bourgeons restés en dormance sur son tronc[35]. Quand on voit des pruches matures dans une forêt, on peut en déduire que la forêt est vieille. La forêt a atteint une maturité très honorable, se composant généralement aussi de hêtres à grandes feuilles et d'érables à sucre. Les jeunes pruches peuvent pousser sous les vieilles pruches, les hêtres et les érables. Elles ne craignent pas l'ombre. Ainsi, la forêt peut se renouveler en pruches tant qu'il n'y a pas une nouvelle perturbation (feu, tornade ou coupe) qui encourage le retour des arbres friands de lumière dès leur jeune âge (peuplier faux-tremble, bouleau).

Flexibilité de la forme

Les arbres dont le tronc se construit par «montée à relais» ou par «montée inclinée» bénéficient d'une plus grande flexibilité de leur forme que les arbres qui font appel à la «montée en solo». Cette

35. Remplacement de branches par réitération partielle différée.

flexibilité, surtout celle obtenue avec la «montée à relais», est mise à profit dans de nombreux aménagements urbains. Pensons aux érables argentés (*Acer saccharinum*) plantés en bordure des rues à Montréal (Québec, Canada) et aux nombreux platanes[36] (*Platanus hybrida*) plantés le long des voies de circulation en Europe. Ces arbres réagissent bien aux tailles, dans le sens qu'ils parviennent à rétablir une cime relativement bien formée. Habitués à faire des transferts de dominance entre leurs axes, ils ont une aisance à se remettre d'une taille. Ils sont moins sujets à rester difformes après le passage des élagueurs que la majorité des conifères par exemple.

À l'inverse, cette flexibilité peut sembler problématique aux yeux des forestiers qui souhaitent obtenir des arbres aux troncs bien droits, exempts de fourches et même de branches trop fortes. En raison de la flexibilité de la forme de certains arbres (par exemple l'érable à sucre, le bouleau jaune et le chêne pédonculé [*Quercus robur*]), les conditions de l'environnement qui assurent la rectitude de leur tronc demandent à être reconnues pour pouvoir être respectées ou reproduites. Le forestier qui veut favoriser l'établissement de troncs droits doit pouvoir s'assurer que les conditions de production sont adéquates et effectuer, au besoin, un contrôle de la densité et de la composition de la forêt qui tienne compte de l'écologie des espèces. Il s'agit en fait de savoir imiter la nature. Elle nous offre déjà tous les exemples de réussite dont elle est capable.

Pour ceux qui seraient tentés de sélectionner ou de produire par manipulation génétique des arbres au développement moins flexible dans le but d'assurer une production plus rapide et moins hasardeuse de leur tronc, il est bon de rappeler que le risque de perdre les propriétés appréciées de leur bois est prévisible. En effet, il est fort probable qu'un mode de développement comme la «montée à relais» soit justement le mécanisme qui assure la formation d'un bois de

---

36. Bien que le platane présente un développement hiérarchisé, répondant au modèle de Massart (annexes 1 et 2), sa croissance sympodiale lui donne une flexibilité de la forme semblable à celle procurée par la montée à relais (voir la section suivante «Un mode de construction intermédiaire»).

forte densité et de qualité. Jusqu'ici, aucun arbre sélectionné pour sa croissance rapide n'a réussi à produire un bois équivalant à celui des arbres qui ont mis 100 ans à pousser en forêt. Une croissance lente est certainement garante de propriétés exceptionnelles du bois. De plus, chez plusieurs espèces, la croissance lente des arbres en sous-bois a besoin d'être accompagnée d'un mode de construction flexible du tronc comme la montée à relais, puisque c'est elle qui assure le maintien de la linéarité du tronc. Dans un contexte forestier où le contrôle parfait des conditions lumineuses est impossible, l'arbre a besoin d'une flexibilité de son mode de construction pour pouvoir se remettre de conditions temporairement difficiles qui, de toute façon, participent à lui donner la qualité de son bois. Les modes de construction flexibles du tronc ont été sélectionnés par les arbres eux-mêmes au cours de l'évolution pour les performances qu'ils leur assurent. L'homme sait apprécier et profiter du résultat des performances de l'arbre, notamment de son bois de qualité. Aujourd'hui, à l'heure où les forêts naturelles font cruellement défaut, le respect et la patience du producteur sont les seules garanties d'un retour à un accès à des produits de grande qualité. Il s'agit pour cela d'offrir aux arbres les conditions favorables à la formation d'un bois de qualité, d'où l'intérêt de comprendre leur mode de développement et leur rapport à l'environnement (Millet, 2012).

Un mode de construction intermédiaire

Nous avons présenté trois modes de construction du tronc : la montée en solo, la montée à relais et la montée inclinée. Comme il en a été fait mention au début du chapitre, d'autres modes moins fréquents existent également chez les arbres des régions tempérées[37], de même que des modes intermédiaires entre les trois modes exposés. Voici un exemple. Certains arbres connaissent systématiquement, et chaque année, une mortalité de l'extrémité

---

37. Obtenu par exemple sous le modèle architectural de Mangenot (érable de Pennsylvanie) (annexes 1 et 2); les relais du tronc sont d'emblée dressés avant de s'affaisser secondairement.

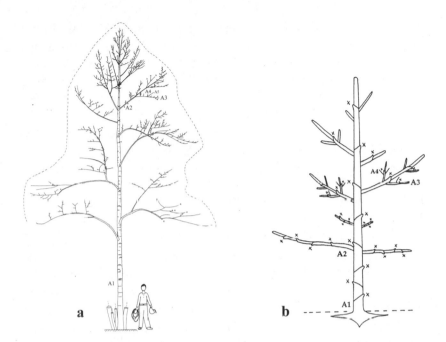

Figure 2.10 Tilleul d'Amérique. **a.** Arbre au tronc très droit, résultat d'une très grande hiérarchie du système ramifié. **b.** Schéma illustrant le mode de construction de l'arbre. Chaque année, l'extrémité de tous les axes de l'arbre (tronc, branches, rameaux) avorte spontanément. Un bourgeon d'origine latérale prend le relais. Il s'agit d'un trait génétique favorisant au besoin une flexibilité de la forme de l'arbre. x : mortalité de l'extrémité de l'axe, A*n* : axe de catégorie *n*.

de tous leurs axes[38] (exemple l'orme, *Ulmus sp*, le tilleul, le platane) sans que cela les empêche d'exprimer une très grande hiérarchie dans leur développement (figure 2.10). Les relais se mettent parfois si vite en place que rien n'y paraît, sauf pour l'œil averti. On pourrait facilement croire qu'il n'y a jamais eu de mortalité de leurs extrémités et qu'ils font appel à une montée en solo. Ces espèces

---

38. Avortement spontané de l'apex accompagné d'un transfert rapide de la dominance apicale à un bourgeon subterminal, chez des espèces dites à croissance sympodiale. Le mode de construction du tronc des espèces concernées, une variante à croissance sympodiale de la montée en solo est l'équivalent de la modalité d'édification du tronc «usurpateur» de Caraglio, cité par Boutaud (2003).

bénéficient néanmoins, et au besoin, d'une flexibilité de leur forme favorisée par ce caractère. Seule l'analyse architecturale révèle les particularités de chaque espèce d'arbre et de quelle manière elle en tire réellement profit. Ces particularités méritent d'être prises en compte lors des aménagements forestiers et urbains pour une interprétation adéquate de l'architecture des arbres et un contrôle éclairé des conditions de l'environnement. Les données connues à ce jour sont répertoriées (voir Millet, 2012) et résumées à l'annexe 1. Le lecteur est invité à les consulter pour le besoin de ses diagnostics.

Repérer la hiérarchie dans le système

La présentation des trois modes de construction du tronc les plus courants illustre comment, pendant une phase de développement hiérarchisée (nécessaire à l'établissement du tronc), il peut tout de même survenir de façon régulière des fourches temporaires[39] et des têtes inclinées provisoires[40]. On comprend ainsi que les fourches et les têtes inclinées ne sont pas en soi des indicateurs de problème de construction du tronc, du moins chez les espèces qui les utilisent de façon caractéristique quelles que soient les conditions du milieu. Leur présence à l'extrémité d'un tronc n'est pas un signe que sa construction est achevée ou compromise. Pour pouvoir réellement juger si l'allongement d'un tronc est terminé, il faut identifier l'espèce et reconnaître par un examen de son architecture le stade de développement que l'arbre a atteint (chapitre 3).

Aux fins du diagnostic, il est important de savoir repérer les signes de hiérarchie dans le système ramifié, malgré la présence de déviations ou de relais inclinés (figure 2.11).

La hiérarchie se reconnaît à la différenciation établie entre les catégories d'axes plutôt qu'à l'histoire de leur construction. La figure 2.11 illustre trois architectures de jeune arbre qui découlent des trois modes de construction du tronc présentés au début du chapitre. Dans les trois cas, il est possible de reconnaître qu'un axe

---

39. Appelées fourches récurrentes.
40. Extrémité plagiotrope du tronc à redressement secondaire.

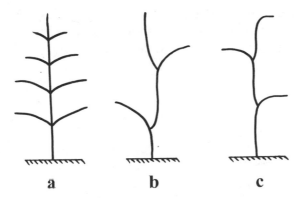

Figure 2.11 – Diversité d'architecture des systèmes ramifiés hiérarchisés. **a.** Tronc unique et droit (montée en solo). **b.** Tronc dévié par le redressement d'anciens éléments de fourche (montée à relais). **c.** Tronc qui résulte de l'empilement de plusieurs modules à extrémité inclinée et redressement secondaire (montée inclinée).

dominant, le tronc, se démarque et se distingue des branches qu'il porte. Celles-ci sont plus courtes et à angle par rapport au tronc. La différenciation entre les branches et le tronc confirme l'établissement d'une hiérarchie au sein du système ramifié. Regardons quelques exemples pris dans la nature (figures 2.13 et 2.14) et qui démontrent la capacité des arbres à établir une hiérarchie malgré la présence régulière, au cours de leur développement, de fourches temporaires (figures 2.12a et 2.13) ou de têtes inclinées passant le relais (figures 2.12b et 2.14). Des flèches indiquent l'endroit où une fourche temporaire a pris place par le passé ou encore le niveau où une tête inclinée a cessé de se redresser (devenant branche), passant le relais à un rameau. La rapidité des événements et l'augmentation en diamètre du tronc n'en laissent aujourd'hui que peu d'indices. Seuls des plis sur l'écorce confirment ce que l'angle d'insertion des branches suggère comme historique de développement. L'arbre n'en a pas moins un tronc bien droit et ses branches sont franchement horizontales ou obliques. L'arbre a poussé de manière hiérarchisée malgré son histoire de construction.

Il est également possible de reconnaître une hiérarchie au sein du système ramifié même si ces événements (fourche, tête restée inclinée) laissent dans la structure de l'arbre de fortes déviations des axes (figures 2.15, 2.16 et 2.17).

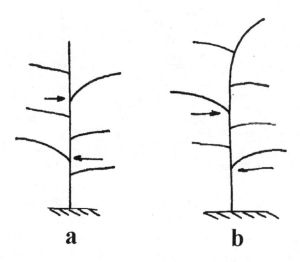

Figure 2.12 – Schémas d'arbres au tronc très droit muni de branches bien définies. La hiérarchie pendant le développement est sans équivoque bien que l'espèce fasse appel à un mode de construction de son tronc qui implique **a.** chez l'érable argenté (voir la figure 2.13) la mise en place régulière de fourches à caractère temporaire (montée à relais) et **b.** chez le hêtre à grandes feuilles (voir figure 2.14) une extrémité de tronc inclinée passant régulièrement le relais à un axe d'origine latérale (montée inclinée). → : emplacement du transfert de dominance d'un segment de tronc à l'autre.

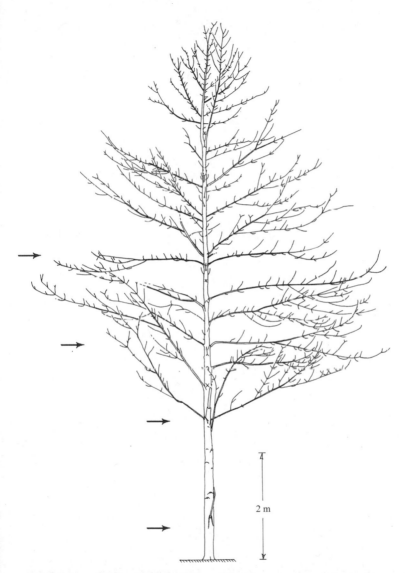

Figure 2.13 – Érable argenté au tronc droit bien que son mode de construction par montée à relais implique la mise en place régulière de fourches à caractère temporaire. → : hauteur du transfert de dominance d'un relais du tronc à l'autre, x : mortalité de l'extrémité de l'axe.

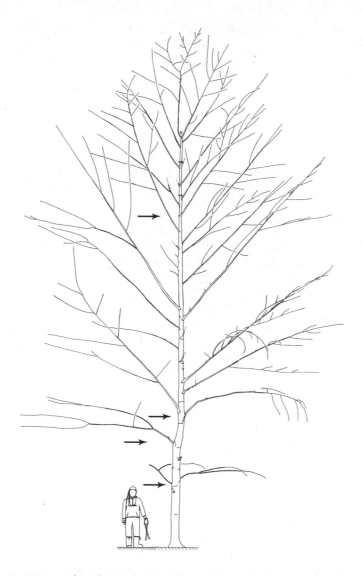

Figure 2.14 – Hêtre à grandes feuilles au tronc relativement droit bien que son mode de construction implique qu'une extrémité inclinée du tronc passe régulièrement le relais à un axe d'origine latérale. → : hauteur du transfert de dominance d'un segment de tronc à l'autre, x : mortalité de l'extrémité de l'axe.

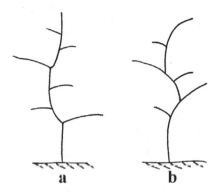

Figure 2.15 – Schémas d'arbres au tronc dévié bien qu'il y ait une hiérarchie dans le système ramifié. **a.** érable à sucre (voir la figure 2.16), **b.** orme d'Amérique (*Ulmus americana*) (voir la figure 2.17).

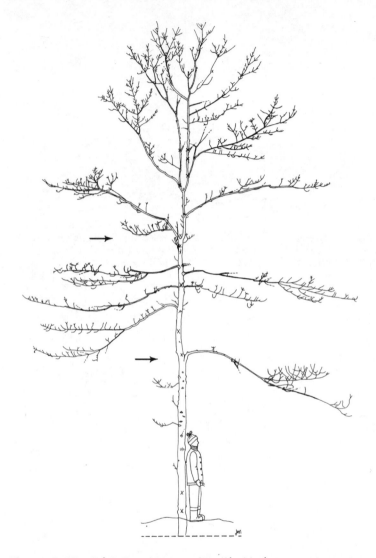

Figure 2.16 – Déviation du tronc chez l'érable à sucre, sans compromettre la hiérarchie du système ramifié. → : hauteur du transfert de dominance d'un module du tronc à l'autre, x : mortalité de l'extrémité de l'axe.

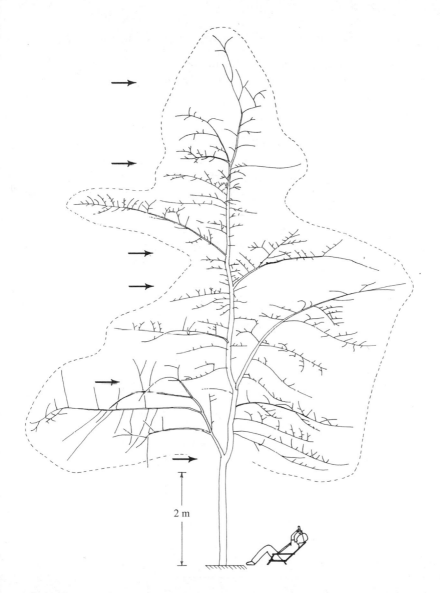

Figure 2.17 – Déviation du tronc chez l'orme d'Amérique, sans compromettre la hiérarchie du système ramifié. → : hauteur du transfert de dominance d'un module du tronc à l'autre, ---- : limite du feuillage.

Quand la branche ressemble à un élément de fourche

Il arrive qu'il soit difficile de déterminer si un axe d'origine latérale est une branche forte et dressée ou si elle est un élément de fourche du tronc (figure 2.18). Tous les intermédiaires existent entre la branche et l'élément de fourche.

Pour déterminer si une hiérarchie subsiste au sein du système ramifié et conclure que l'axe est une branche, il peut être nécessaire de prendre un recul devant l'arbre et d'observer ce dernier dans son ensemble. Si plusieurs branches de dimensions et de redressement équivalents sont disposées le long du tronc sans pour autant remettre en question sa dominance (le tronc demeurant plus dressé, plus central et plus long), on peut en conclure que le système est encore hiérarchisé. Si par contre une branche plus

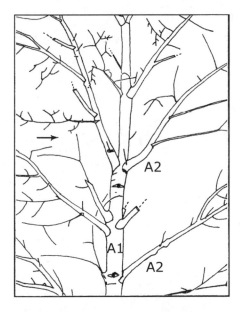

Figure 2.18 – Vue d'une section du tronc d'un peuplier faux-tremble. Exemple où il est difficile de déterminer si la branche (indiquée par →) forme une fourche avec le tronc (A1) ou si elle garde un rôle de branche (A2).

longue et plus dressée se démarque de toutes les autres branches (figure 2.19), une observation complémentaire est nécessaire pour confirmer ou infirmer son rôle d'élément de fourche. Il s'agit de se poser les questions suivantes: Est-ce que cette branche se comporte comme le tronc?, Est-ce qu'elle partage avec lui un angle d'inclinaison par rapport à la verticale?, Est-ce qu'elle pousse à une vitesse équivalente?, Est-ce que sa longueur et son diamètre sont équivalents à ceux du tronc? et enfin, Est-ce que son degré de ramification est équivalent? Si la réponse à toutes ces questions est positive, il s'agit sans contredit d'un élément de fourche du tronc. Si par contre la branche est composée d'un nombre de catégories d'axe plus petit que celui du tronc, elle est sans contredit une branche. Il arrive aussi, comme dans l'exemple illustré à la figure 2.19, qu'une branche atteigne le nombre de catégories qui caractérise le tronc[41] mais sans pour autant parvenir à dévier le tronc de son axe vertical et sans non plus atteindre les mêmes dimensions que le tronc. Il s'agit dans ce cas d'une tentative de la branche de reproduire le tronc et de fourcher avec lui. Mais la tentative n'a pas totalement réussi. La branche a reproduit le fonctionnement du tronc, mais ne l'a pas égalé. La hiérarchie du système est préservée.

Lorsqu'on veut déterminer le nombre de catégories d'axe d'un arbre, il importe d'éviter autant que possible de baser son diagnostic sur l'observation d'une seule branche en raison de la différence possible de statut entre les axes latéraux. Le diagnostic doit prendre en compte le plus de branches possible de manière à éviter que l'évaluation soit biaisée par une branche plus forte que les autres. Si une branche est effectivement plus forte que les autres, il s'agit tout simplement de tenir compte de la tentative de l'arbre à atteindre un ordre de ramification supplémentaire ou à fourcher. Dans ce dernier cas, cette tentative peut annoncer le passage éminent à une autre phase de développement où l'arbre établira cette fois une vraie fourche.

---

41. Il s'agit bien d'un réitérat total.

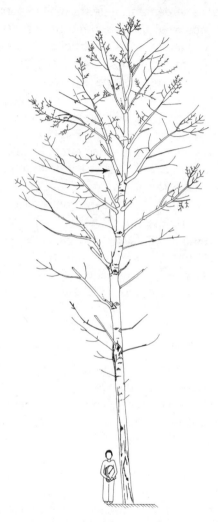

Figure 2.19 – Vue d'ensemble d'un peuplier faux-tremble à la structure hiérarchisée. La vue en recul, comparativement à la figure 2.18, révèle que la grande branche dressée (→) n'atteint pas les mêmes dimensions que le tronc qui garde suffisamment sa rectitude et sa préséance (axe le plus gros en diamètre, le plus long et le plus dressé) pour ne pas être déclassé. La grande branche atteint un ordre de ramification plus grand que celui des autres branches, mais sa tentative de fourcher avec le tronc n'a pas totalement réussi.

Ce qui a été vu et ce qui vient: l'unité hiérarchisée

Au chapitre 1, on a présenté le système ramifié hiérarchisé en opposition au système de fourches. On a vu comment la hiérarchie du système ramifié permet la construction du tronc de l'arbre. Au chapitre 2, on a présenté plusieurs modes de construction du tronc. On a vu qu'il peut y avoir des signes plus ou moins prononcés de redressement et d'affaissement d'axes sans que cela empêche pour autant la reconnaissance d'une hiérarchie au sein du système ramifié.

Nous verrons au chapitre 3 comment la structure hiérarchisée évolue au cours de la vie de l'arbre et comment ses caractères (dimensions, nombre de catégories d'axe) peuvent servir d'indicateurs de l'état de maturité de l'arbre. Ces caractères sont des repères utiles pendant un diagnostic pour situer un arbre dans sa séquence de développement (chapitre 9).

Dans la suite du texte, l'expression «système ramifié hiérarchisé» sera le plus souvent remplacée par le terme «unité hiérarchisée». Le terme «unité», utilisé ici en tant que diminutif de «unité architecturale», rappelle que le système ramifié hiérarchisé fonctionne comme une unité. Au sein de cette unité, il y a un leader, l'axe dominant (ou tronc), dont l'extrémité fonctionne comme le gérant de l'ensemble. Plusieurs unités hiérarchisées peuvent entrer dans la composition d'un arbre, c'est le cas des arbres fourchés. Nous verrons au chapitre 3 et dans les chapitres suivants que la disposition des unités hiérarchisées dans l'arbre, délimitées par les fourches, et l'évolution de leurs caractères dans le temps et l'espace sont autant d'éléments révélateurs de la dynamique de développement dans laquelle l'arbre est engagé.

Chapitre 3
Le développement de l'arbre
étape par étape

L'architecture d'un arbre dépend de la façon dont l'arbre est construit. Comme pour un bâtiment, il y a un certain nombre de règles de construction qui font en sorte que l'arbre a l'aspect qu'on lui connaît. À la différence des bâtiments construits par l'homme, l'arbre « s'autoconstruit ». Son plan de construction est inscrit dans ses gènes. Sa mise en œuvre est en plus influencée par les conditions de l'environnement (chapitres 2 et 4). Néanmoins, cela ne change pas l'ordre d'apparition des phases de développement liées à la maturation de l'arbre. Pendant toute sa vie, l'arbre suit une séquence de développement qui le fait passer d'un stade de développement à un autre. Le diagnostic de l'architecture de l'arbre permet de déterminer à quelle étape de son développement l'arbre est rendu. Une gamme de caractères permet de suivre cette progression. Selon le stade atteint, les potentialités de croissance changent et, conséquemment, l'architecture qui en découle change aussi. Par exemple, la plantule, au sortir de la graine, n'a pas la capacité de fleurir (figure 3.1). Elle n'a pas la maturité nécessaire. De la même manière, l'arbre adulte de stade avancé n'a pas la capacité de pousser aussi rapidement et de se ramifier de la même manière que le jeune arbre. Les potentialités de croissance et de développement changent, augmentent et diminuent selon l'étape à laquelle l'arbre est rendu.

Note:

Le lecteur remarquera qu'il n'est pas question ici de l'âge de l'arbre, mais seulement de l'état de maturité qu'il a atteint ou plus exactement de son «stade de développement». En effet, deux arbres de la même espèce peuvent connaître une maturation plus ou moins rapide selon les conditions dans lesquelles ils poussent. Ainsi, deux arbres du même âge peuvent avoir atteint des stades de développement différents. Pensons par exemple à cet érable à sucre d'un mètre de haut trouvé en sous-bois. Âgé de 40 ans, il n'avait atteint que le stade de jeune plant.

De la même manière, la maturité atteinte ne dépend pas de la grandeur de l'arbre (bien qu'il y ait une corrélation dans un peuplement homogène dans un milieu donné). Selon l'histoire de leur vécu, deux arbres de mêmes dimensions peuvent avoir atteint une maturité différente. Prenons cette fois en exemple les cas connus d'arbres (érables, chênes, etc.) qui, lorsqu'ils poussent en plein champ, c'est-à-dire en pleine lumière, atteignent des hauteurs moindres avant de fleurir que leurs congénères qui ont poussé en forêt. À hauteur égale, l'arbre en plein champ sera déjà fleuri tandis que l'arbre en sous-bois sera encore immature.

Par ailleurs, dans des conditions de très fort stress, on a déjà vu des arbres de 4 mètres de hauteur ne produisant plus que des petites fourches courtes fleurissantes dans le haut de leur cime, signe d'une sénescence prématurée. De tels arbres n'ont plus la capacité de se développer avec ampleur. Même si on tentait d'améliorer leurs conditions de croissance, ils ont atteint un cul-de-sac et ils sont voués à la mort à plus ou moins brève échéance.

Ce n'est donc pas la grandeur de l'arbre ni son âge qui décide de ses potentialités de croissance, mais bien son stade de développement, influencé bien sûr par son rapport à l'environnement.

Chaque étape de développement se reconnaît, selon l'espèce, par une série de caractères qui lui sont propres. Ces stades de développement, ou étapes, en lien avec l'espèce, sont décrits dans le premier livre (chapitre 13 de Millet, 2012) et résumés en annexe 1. Les stades de développement caractéristiques pour une espèce sont plus ou moins nombreux selon les changements de caractère qui ont cours. Le plus souvent, on reconnaît les stades de plantule, de jeune plant, de jeune arbre[42], d'arbre adulte et d'arbre sénescent. Il arrive qu'on reconnaisse en plus des stades intermédiaires : semis, très jeune plant, très jeune arbre et arbre pré-adulte. L'objectif ici n'est pas de reprendre tout ce qui a été décrit dans le premier livre (Millet, 2012) ni de faire l'analyse de ce qui distingue les espèces entre elles. Le lecteur est invité à s'y référer et à s'en servir comme base pour un bon diagnostic. Dans le présent chapitre, l'objectif est plutôt de mettre en évidence ce qui est général pour tous les arbres.

D'abord, le fait qu'il y ait une séquence de développement. Cela implique que des potentialités de croissance s'acquièrent progressivement (par exemple le potentiel de ramification), puis se perdent au profit d'autres potentialités (en l'occurrence la floraison) (figure 3.1). La séquence de développement chez la plante découle de la progression de sa maturité. Son aboutissement est la floraison et éventuellement la mort de la plante. Le diagnostic de l'architecture de l'arbre est la façon de reconnaître l'état d'avancement de sa séquence de développement et, par la même occasion, l'état d'avancement de sa maturité.

Un autre trait général, valable pour tous les arbres, est la façon qu'a l'unité hiérarchisée d'évoluer au cours de la vie de l'arbre. L'unité hiérarchisée connaît successivement un mouvement de déploiement[43] puis de contraction[44]. Ce mouvement est visible chez les arbres ramifiés. Pendant la première partie de la vie de l'arbre, l'unité hiérarchisée se développe et se complexifie (figure 3.2). Pendant la deuxième partie de la vie de l'arbre, elle s'appauvrit et se simplifie parallèlement à une floraison qui devient envahissante (figure 3.6). Afin d'illustrer ce phénomène, suivons deux caractères :

---

42. À noter que le « jeune arbre » est généralement mature sexuellement, aussi nous n'employons pas le terme « arbre mature » pour les stades suivants, mais bien celui d'« arbre adulte ».
43. Par intercalation de nouvelles catégories d'axe et une augmentation de leurs dimensions.
44. Par désintercalation des catégories d'axe et une diminution de leurs dimensions, l'équivalent de la miniaturisation et de la paupérisation des complexes réitérés qui se succèdent dans une cime selon Hallé, Oldeman et Tomlinson, 1978.

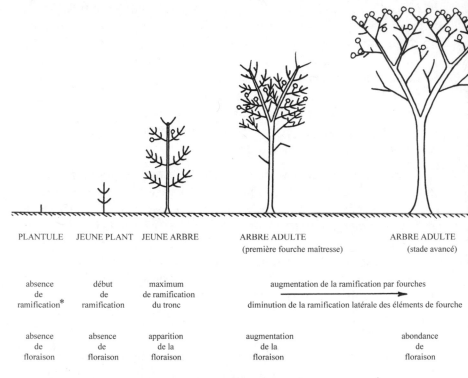

PLANTULE	JEUNE PLANT	JEUNE ARBRE	ARBRE ADULTE (première fourche maîtresse)	ARBRE ADULTE (stade avancé)
absence de ramification*	début de ramification	maximum de ramification du tronc	augmentation de la ramification par fourches ⟶ diminution de la ramification latérale des éléments de fourche	
absence de floraison	absence de floraison	apparition de la floraison	augmentation de la floraison	abondance de floraison

Figure 3.1 – Acquisition et perte de potentialités de croissance pendant la séquence de développement de l'arbre, de la plantule à l'arbre sénescent; suivi de la ramification et de la floraison. ∘ : fleur ou fruit, x : mortalité de l'extrémité de l'axe, * : quelques cas de ramification immédiate peuvent être observés chez des plantules, par exemple chez le pin sylvestre (*Pinus sylvestris*).

le nombre de catégories d'axe qui composent l'unité hiérarchisée et le taux de croissance des axes. Ces deux caractères augmentent puis diminuent de concert tout au long de la vie de l'arbre. Le nombre de catégories d'axe et leur vitesse de croissance servent d'éléments de reconnaissance de l'état d'avancement de la séquence de développement de l'arbre. À partir de cette seule notion de développement puis d'appauvrissement de l'unité hiérarchisée, il est possible de comparer des arbres de la même espèce entre

ARBRE SÉNESCENT
(descente de cime)

tentatives de renouvellement
de la ramification

floraison rapide
et perte de hauteur

eux à l'aide du diagnostic et d'évaluer l'état d'avancement de leur développement.

Nous présentons ci-après les grandes lignes du développement d'un arbre fictif qui se veut le représentant de nombreux arbres. Nous avons choisi un arbre qui fourche à maturité quel que soit l'environnement dans lequel il pousse, c'est-à-dire un arbre dont les fourches à maturité[45] sont programmées génétiquement. Nous faisons ce choix de présentation du fait que de nombreuses espèces feuillues poussent ainsi, et tout particulièrement les feuillus nobles[46]. Les fourches représentent souvent un souci pour les producteurs et les aménagistes, lorsqu'elles viennent contrarier leurs objectifs. Une meilleure compréhension de leurs caractères est un atout. À la suite de ce portrait, nous dirons quelques mots sur les arbres qui ne fourchent pas du tronc à maturité, comme le sapin ou l'épinette. Voici donc le résumé de la vie d'un arbre en sept étapes. Nous considérons qu'il pousse dans de bonnes conditions, c'est-à-dire dans un milieu qui lui permet d'exprimer en toute aisance ce dont il est capable.

Des potentialités de croissance qui augmentent

Dans les premières étapes de sa vie, depuis le stade de plantule jusqu'à celui de jeune arbre (figure 3.2), l'arbre concentre l'essentiel de son énergie à construire sa structure ramifiée et à élever son tronc. Son taux de croissance augmente progressivement d'année en année et sa ramification s'installe.

45. Dites fourches maîtresses.
46. Les feuillus «nobles» sont qualifiés ainsi en raison de la qualité de leur bois; beauté, dureté, résistance. Par exemple, les chênes et l'érable à sucre sont des feuillus nobles.

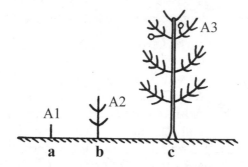

Figure 3.2 – Déploiement de l'unité hiérarchisée. **a.** Plantule dont l'axe principal (A1) est non ramifié. **b.** Jeune plant muni de rameaux (A2). **c.** Jeune arbre portant des branches (A2) elles-mêmes ramifiées de rameaux (A3). ∘ : fleur ou fruit. Afin de simplifier l'illustration, les arbres sont sans feuilles et en **c**, seules les plus longues branches sont dessinées.

Au sortir de la graine, au tout début, la plantule (figure 3.2a) n'a qu'une seule tige garnie de feuilles. Sa croissance est faible. Elle n'est pas ramifiée et pour cause, elle n'en a pas encore la capacité. Il arrive qu'il soit difficile de repérer les plantules en sous-bois étant donné leurs petites dimensions et la forme de leurs feuilles qui diffère de celles de l'arbre adulte. Elles se confondent facilement avec des herbes. La figure 3.3 nous en donne un exemple. Tout en s'allongeant d'année en année, l'extrémité de la tige de la plantule devenue semis[47] gagne en maturité et produit des structures aux caractères changeants. Cela se remarque aux feuilles qui changent de forme et aux bourgeons qui apparaissent de plus en plus rapidement à la base des feuilles. Le tout jeune tronc devient progressivement apte à se ramifier.

Au stade de jeune plant (figure 3.2b et un exemple à la figure 3.4), la tige principale pousse plus vite qu'au stade précédent. Elle produit un plus grand nombre de feuilles chaque année. Des bourgeons latéraux insérés sur ses côtés donnent, l'année suivant

---

47. Le terme « plantule » est réservé à la plante issue de graine pendant sa première année de croissance. Le semis a plus d'un an. Il est peu ou pas ramifié.

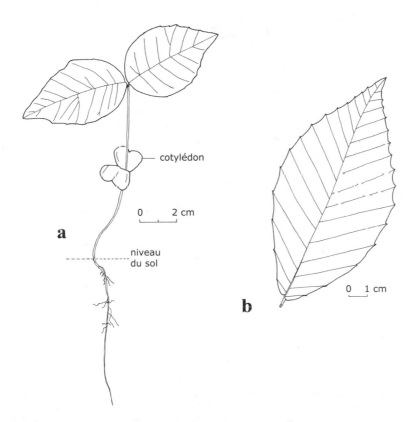

Figure 3.3 – Exemple de plantule, chez le hêtre à grandes feuilles. Sa petite taille et ses feuilles (**a**) qui diffèrent de celles de l'arbre adulte (**b**) peuvent rendre sa reconnaissance difficile.

leur apparition, les premiers rameaux latéraux de la plante. Ces rameaux sont menus. Ils ne poussent pas rapidement et ils n'ont pas la capacité de se ramifier (tout comme la tige principale au stade précédent). Ils sont nés rameaux et ils vont mourir rameaux après avoir mené une courte vie. Le temps de leur présence, le jeune plant profite des feuilles qu'ils portent. Il se prépare pour la suite de son développement.

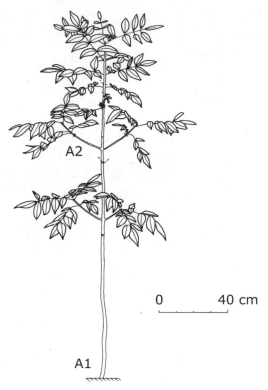

Figure 3.4 – Exemple de jeune plant chez le frêne rouge. Le jeune tronc (A1) est ramifié de rameaux (A2) eux-mêmes non ramifiés. Chacune des feuilles du frêne est composée d'un pétiole et d'un nombre plus ou moins grand de folioles selon son stade de développement. Ici, on compte 7 à 9 folioles par feuille. Les pétioles peuvent être confondus avec des rameaux et laisser croire à un ordre de ramification supplémentaire.

Précision :

À partir du stade de jeune arbre (figures 3.2c, 3.5, 3.6 et 3.7), nous faisons la description des stades de développement en portant notre attention sur les branches les plus longues produites par le tronc chaque année. Entre elles, en alternance le long du tronc, il y a le plus souvent des rameaux ou des branches plus menues et moins ramifiées. Ils ne sont pas illustrés sur les croquis (figures 3.2c, 3.6 et 3.7) de manière à simplifier la démonstration.

Au stade de jeune arbre (figure 3.2c), le taux de croissance du tronc atteint des records. Sa vitesse d'allongement est grande. Les bourgeons produits sur ses côtés donnent des branches. Celles-ci poussent d'emblée plus rapidement que les rameaux apparus plus bas. Leur diamètre est également plus grand et elles ont elles-mêmes la capacité de se ramifier, donnant des rameaux. Ainsi, en vieillissant, l'arbre produit des branches de plus en plus fortes et de plus en plus ramifiées jusqu'à l'atteinte, au stade de jeune arbre, de son maximum de catégories d'axe. Nous fixons ici ce maximum à trois (tronc, branche et rameau) afin de simplifier la démonstration. La même logique s'applique aux arbres qui atteignent 4 (exemple à la figure 3.5), 5 ou 6 catégories d'axe. D'année en année, ils connaissent une augmentation progressive de leur taux de croissance et de leur nombre de catégories d'axe, de branche en branche en montant le long du tronc, jusqu'à l'atteinte du maximum possible de catégories d'axe reconnu caractéristique pour l'espèce[48].

Le déploiement complet de l'unité hiérarchisée, c'est-à-dire l'atteinte du maximum de catégories d'axe, annonce généralement l'apparition des premières fleurs. L'arbre a atteint la maturité sexuelle. Dépendamment de l'espèce, il peut arriver que les arbres atteignent leur maturité sexuelle plus tard alors qu'ils sont rendus au début du stade de développement suivant et qu'ils ont commencé à mettre en place leurs branches maîtresses. L'analyse architecturale permet de déterminer, pour chaque espèce, le stade de développement précis, de même que les caractères architecturaux associés précis, qui annoncent et accompagnent l'apparition de la floraison.

Entendons-nous, l'apparition de la floraison ne veut pas dire que tous les axes d'une même catégorie et encore moins que toutes les catégories d'axe d'un arbre ont la capacité de fleurir, loin de là. Lorsqu'un arbre atteint la maturité sexuelle, au début ce ne sont

---

48. Attention, même si la longueur des dernières unités de croissance prises individuellement n'est pas maximale, au total, l'unité hiérarchisée établie au stade de jeune arbre est la plus grande de toutes celles que l'arbre établira dans sa vie.

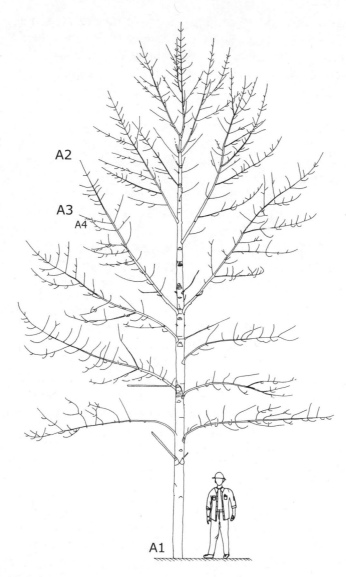

Figure 3.5 – Exemple de jeune arbre. Chez le frêne d'Amérique, les branches (A2) se ramifient jusqu'en A4.

généralement que quelques-uns de ses axes les plus fins et les plus courts (appartenant à sa dernière catégorie d'axe) qui fleurissent. Ce n'est que plus tard dans le développement de l'arbre (aux stades de développement suivants) que la floraison touchera progressivement un nombre grandissant d'axes appartenant à la première catégorie touchée et ensuite, de façon tout autant progressive, les axes des autres catégories.

Croissance en déclin et floraison envahissante

Un deuxième mouvement dans la vie de l'arbre vient de la contraction de son unité hiérarchisée (figure 3.6). Il se produit un changement de mode de fonctionnement. Depuis le début de la vie de l'arbre, le degré de ramification et le taux de croissance des axes n'ont eu de cesse d'augmenter. Maintenant que l'arbre a établi son unité hiérarchisée (son déploiement étant achevé), le mouvement s'inverse. Tandis que l'arbre continue de grandir, le degré de ramification et le taux de croissance des axes nouvellement formés se mettent à diminuer, et ce, pour le reste de la vie de l'arbre. Parallèlement à ce changement de mode, l'arbre met fin à l'allongement de son tronc et il fourche[49]. Chaque élément de fourche se comporte alors comme un tronc (A1) et partage la composition de la cime avec le ou les autres éléments de fourche. L'arbre adulte multiplie ainsi le nombre de ses unités hiérarchisées.

Au début du développement de l'arbre adulte (figure 3.6a), alors qu'il n'a encore fourché qu'une seule fois, chacun des éléments de la fourche reproduit le développement du jeune arbre avec ses trois catégories d'axe (c'est-à-dire avec le nombre maximum de catégories caractéristique chez l'espèce) (figure 3.6a'). C'est un peu comme si on se retrouvait avec plusieurs arbres sur un même tronc. Ces premiers éléments de fourche sont généralement les plus longs que l'arbre ne pourra jamais produire. Par la suite, la décroissance des unités hiérarchisées aura progressé. À cette

---

49. Il s'agit de la fourche maîtresse.

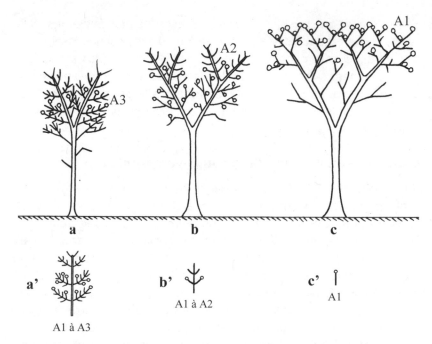

Figure 3.6 – Contraction de l'unité hiérarchisée. Bien que l'arbre entier poursuive son expansion, les unités hiérarchisées qui le composent connaissent d'une fourche à l'autre une contraction. **a.** Arbre adulte dont la première fourche donne deux unités hiérarchisées composées d'un axe principal (A1) ramifié jusqu'en A3. **b.** Arbre adulte dont l'axe principal (A1) des unités hiérarchisées du haut sont ramifiées jusqu'en A2. **c.** Arbre adulte de stade avancé dont les unités hiérarchisées du haut sont réduites à une seule catégorie d'axe (A1). **a'**, **b'** et **c'**. Gros plan de l'unité hiérarchisée établie à chaque stade (a, b et c). ○ : fleur ou fruit, *An* : axe de catégorie *n*.

étape-ci du développement, l'arbre adulte est ramifié jusqu'en A3 (figure 3.6a). La floraison touche déjà un nombre plus important d'axes 3 que chez le jeune arbre. Elle commence à toucher les axes 2, au moment où ceux-ci arrivent en fin de vie après que leur croissance ait fortement diminué.

Plus tard et plus haut sur l'arbre, chaque élément de fourche de l'arbre adulte fourche à son tour (figure 3.6b). De fourche en fourche, dans la suite du développement de l'arbre, les unités hiérarchisées sont de moins en moins volumineuses et sont ramifiées d'un nombre décroissant de catégories d'axe (figure 3.6b'). L'arbre adulte n'est maintenant plus ramifié qu'en A2, dans le haut de sa cime et en périphérie. Il a connu au moins deux épisodes de fourchaison, sinon plus. Les A2 portés par les éléments de fourche sont courts et non ramifiés. Ils ressemblent à des rameaux et ils supportent rapidement la floraison. Le nombre grandissant d'axes 2 dans la cime plusieurs fois fourchée multiplie d'autant les points de floraison. Les axes 1 ont également commencé à fleurir, tout juste avant de fourcher. Dans la suite du développement de l'arbre, les éléments de fourche continuent à être de plus en plus courts et de moins en moins ramifiés au fur et à mesure que l'arbre vieillit.

À une étape avancée de son développement, l'arbre adulte ne produit plus que des axes 1 (figure 3.6c) qui fourchent à leur extrémité après avoir fleuri. L'arbre ne produit plus, en périphérie de sa cime, qu'une suite de petites fourches courtes. Les éléments de fourche, équivalents à des A1, sont non seulement courts, mais également, ils sont non ramifiés latéralement, à la manière d'un rameau (figure 3.6c'). Ils fleurissent tous, ce qui met fin à leur allongement. L'arbre arrive au terme de son expansion en volume quand il n'arrive plus à produire de nouveaux axes 1 après avoir fleuri. L'arbre a perdu la capacité de se ramifier, mais il fleurit abondamment dans un dernier effort avant de mourir.

La figure 3.7 illustre la séquence de développement complète de l'arbre, mettant bout à bout les étapes de déploiement de l'unité hiérarchisée de la figure 3.2 (figure 3.7a, b et c), les étapes de contraction des unités hiérarchisées de la figure 3.6 (figure 3.7d, e et f), puis l'étape finale, la sénescence avec descente de cime facultative (figure 3.7g). Il arrive qu'un arbre meure soudainement et rapidement au terme de sa séquence de développement (à l'étape d'arbre adulte de stade avancé, figure 3.7f) alors qu'il était encore vert d'un feuillage abondant. Toutefois, il est rare de voir un arbre mourir de la sorte, c'est-à-dire uniquement de vieillesse.

Pourquoi? D'abord, parce que le plus souvent l'arbre aura été coupé par l'homme pour une extraction de son bois avant qu'il soit trop vieux. Ensuite, tout comme les humains, les arbres en vieillissant deviennent plus sensibles aux maladies et aux accidents. Ils ont donc plus de chances de mourir d'une maladie que de mourir uniquement de vieillesse. Enfin, de nombreux arbres arrivés en fin de séquence cheminent progressivement vers la mort tout en faisant des tentatives de repousse dans une descente de cime (voir ci-après l'arbre sénescent).

L'arbre sénescent ne pousse plus en hauteur et en périphérie de sa cime. Ses pousses courtes du haut se sont desséchées après avoir terminé leur développement. L'arbre meurt (non illustré) ou produit des rejets plus bas (figure 3.7g), sur ses branches et éventuellement sur son tronc, comme autant de tentatives de survie. Les rejets apparus tardivement semblent jeunes par rapport à l'âge avancé des branches qui les supportent. Ils reproduisent le développement des unités hiérarchisées qu'ils tentent de remplacer, mais ils le font

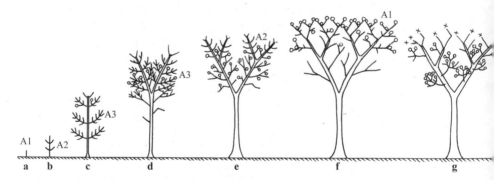

Figure 3.7 – Séquence de développement complète de l'arbre. **a.** Plantule dont l'axe principal (A1) est non ramifié. **b.** Jeune plant muni de rameaux (A2). **c.** Jeune arbre portant des branches (A2) elles-mêmes ramifiées de rameaux (A3). **d.** Arbre adulte dont la première fourche donne deux unités hiérarchisées ramifiée jusqu'en A3. **e.** Arbre adulte aux unités hiérarchisées du haut ramifiées jusqu'en A2. **f.** Arbre adulte de stade avancé dont les unités hiérarchisées du haut sont réduites à une seule catégorie d'axe (A1). **g.** Arbre sénescent engagé dans une descente de cime. ○: fleur ou fruit, x: mortalité de l'extrémité de l'axe.

de façon plus rapide et sans atteindre les mêmes dimensions. Ils fleurissent rapidement et abondamment. Leur durée de vie est courte. Lorsque les rejets du haut meurent, il peut en apparaître d'autres plus bas et plus près du tronc. On dit de l'arbre qu'il connaît une descente de cime. Ses branches meurent et cassent dans le haut tandis que des repousses apparaissent de plus en plus bas le long du tronc. La descente de cime annonce à plus ou moins brève échéance la mort de l'arbre. De manière à éviter de confondre les signes de sénescence des signes de dépérissement, puisque les deux peuvent donner lieu à une descente de cime, voir le chapitre 6.

Le cas des arbres non fourchés à maturité

Chez plusieurs espèces, une seule unité hiérarchisée est visible dans la structure de l'arbre pendant toute sa vie (voir la photo 3.1). C'est le cas du sapin et de l'épinette, mais également celui du peuplier faux-tremble (figure 2.19). L'arbre ne fourche pas du tronc. La contraction de son unité hiérarchisée survient néanmoins de la même façon, en lien avec la progression de la maturité de l'arbre. Seulement, la reconnaissance de sa progression demande plus d'attention (figure 3.8). La diminution du nombre de catégories d'axe produites par l'arbre et du taux de croissance des axes s'observe de branche en branche en montant le long du tronc, au lieu que ce soit visible de fourche en fourche. En montant le long du tronc, les branches produites sont de plus en plus menues et rapprochées les unes des autres, signe que la croissance annuelle du tronc a diminué. Le nombre de catégories d'axe des branches diminue parallèlement à une floraison de plus en plus envahissante, ce qui annonce la fin du cycle de croissance de l'arbre.

L'évolution des branches chez l'arbre qui gagne en maturité est en général plus complexe qu'une seule augmentation suivie d'une diminution du nombre de catégories d'axe. En effet, des fourches surviennent à même les branches et des axes de remplacement peuvent apparaître sur le tronc et les branches. Rappelons que

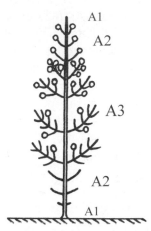

Figure 3.8 – Déploiement et contraction de l'unité hiérarchisée chez l'arbre qui ne fourche pas à maturité (par exemple le sapin). Le nombre de catégories d'axe augmente puis diminue en montant le long du tronc, de même que le taux de croissance des axes. À maturité, la contraction de l'unité hiérarchisée se fait dans le prolongement de l'arbre en hauteur, de branche en branche, plutôt que de fourche en fourche comme chez l'érable ou le chêne. *An* : catégorie d'axe maximale atteinte selon la hauteur du tronc.

Photo 3.1 – Structure hiérarchisée chez l'épinette blanche (*Picea glauca*).

l'objectif visé par le présent chapitre est de donner au lecteur une idée du mouvement de déploiement et de contraction de l'unité hiérarchisée, ce qui est manifeste dans l'évolution du taux de croissance et du nombre d'ordres de ramification. Pour connaître plus de détails dans le changement d'architecture des branches (par exemple chez le sapin baumier, *Abies balsamea*, et chez d'autres conifères), le lecteur est invité à consulter le premier livre (voir le chapitre 13 de Millet, 2012).

Devant la figure 3.8 qui illustre une faible ramification dans le bas du tronc, certains pourraient s'opposer en rappelant que les arbres qui poussent à la lumière ont souvent des branches basses qui vivent très longtemps. Peut-on alors encore parler de rameaux peu ramifiés qui s'élaguent rapidement à la base du tronc? Bien sûr. Le jeune arbre, par exemple le sapin, connaît une séquence de développement qu'il soit exposé ou non à la pleine lumière. Seulement à la lumière, le processus peut être rapide et s'exprimer sur une longueur de tronc relativement courte. Le croquis présenté à la figure 3.8 n'est pas fait à l'échelle, pour une question de clarté d'illustration du phénomène. Si on regarde de près le sapin doté de branches basses (non illustré), on verra à la surface de son tronc, sous les branches, des cicatrices laissées par les rameaux tombés. Ces cicatrices peuvent être à peine visibles, voire invisibles. La tombée rapide des rameaux encore menus, le grossissement du tronc en diamètre et la formation de l'écorce contribuent à effacer les traces de leur présence passée. Néanmoins, un espace libre demeure. On remarquera que les branches basses de l'arbre ne sont pas insérées sur le tronc directement au niveau du sol. Dans le cas contraire, il s'agirait d'un arbre qui a été enfoui par un ensablement ou par un remblaiement de sol, ou même encore par la seule accumulation de matière organique au sol. Une partie du tronc, même courte, est dénudée en dessous des branches. Il y avait là, au tout début du développement de l'arbre, des rameaux qui ont nourri le plant pendant un temps et qui sont tombés, remplacés plus haut par des branches à plus grand potentiel de développement, leur autorisant une plus longue durée de vie. Il arrive que la partie élaguée de la base du tronc d'un arbre soit très courte. Pour que des rameaux à la base du tronc aient une chance exceptionnelle de survie à long terme, il faut d'abord qu'ils se transforment en troncs (axes de catégorie 1). Cela peut arriver lorsqu'un accident (ou une coupe) détruit le tronc d'origine du jeune plant.

Ce qui a été vu et ce qui vient

On a montré au chapitre 3 que l'arbre connaît une séquence de développement en lien avec son gain en maturité. La progression de cette séquence est codée génétiquement. L'arbre en vieillissant connaît un déploiement puis une contraction de sa structure ramifiée hiérarchisée (appelée unité hiérarchisée). Au début, le taux de croissance des axes et le nombre de catégories d'axe augmentent d'année en année jusqu'à atteindre leurs valeurs maximales chez le jeune arbre. Le plein déploiement de l'unité hiérarchisée correspond généralement à l'atteinte de la maturité sexuelle. Dans la suite du développement de l'arbre, le taux de croissance des axes et le nombre de catégories d'axe diminuent alors qu'on observe une augmentation de la floraison dans la cime. Chez l'arbre fourché à maturité, le nombre d'unités hiérarchisées augmente rapidement, se succédant et se multipliant de fourche en fourche. La contraction des unités hiérarchisées s'observe facilement par les dimensions de plus en plus faibles d'éléments de fourche de moins en moins ramifiés. Chez les arbres qui ne fourchent pas à maturité, l'observation des dernières étapes de la séquence de développement demande un examen plus attentif des branches.

Bien que la séquence de développement de l'arbre dépende de sa génétique, la qualité de l'environnement peut en influencer le cours et le rythme de progression. Selon le milieu dans lequel l'arbre pousse et l'histoire des perturbations qui l'affectent, sa séquence de développement peut se dérouler plus ou moins rapidement, être interrompue puis reprise, sauter des étapes et être achevée prématurément, être menée à terme ou non, etc. L'arbre peut ainsi exprimer plus ou moins fortement dans sa structure une phase de développement ou une autre selon leur durée. Le chapitre 4 se penche tout particulièrement sur l'effet de la taille sur le développement de l'arbre, à savoir de quelle manière la hiérarchie du système ramifié est affectée et comment elle peut se rétablir. Le chapitre 5 traite d'un autre effet de la taille qui est celui de modifier la répartition des réserves dans le tronc de l'arbre, ce qui influence à long terme le développement de l'arbre.

Chapitre 4
La réponse de l'arbre aux tailles

L'arbre est un système complexe composé d'une multitude d'axes qui fonctionnent de façon intégrée dans un tout. Une partie de l'arbre se brise sous le vent et l'ensemble de l'arbre s'en ressent et ajuste sa croissance de manière à pallier le manque. L'arbre a besoin de l'ensemble de ses parties. Les branches qu'il a produites répondent à ses besoins (alimentation, équilibre physique). Lorsqu'un facteur extérieur le prive d'une partie de ses branches, il tente aussitôt de remettre en place l'équivalent de ce qui lui a été enlevé. Pour l'arbre, la taille d'une partie de ses branches représente un traumatisme.

Lorsque la perte est modeste, l'arbre utilise ses axes déjà en place pour combler le déficit. Quelques axes poussent plus ou se ramifient un peu plus que prévu au départ. L'arbre n'étant pas trop déstabilisé, son fonctionnement demeure cohérent dans l'ensemble. Son développement se poursuit dans la suite de sa séquence de développement.

Lorsque la perte est grande, l'arbre est plus fortement déstabilisé dans son fonctionnement en plus de se retrouver en déficit de branches et, conséquemment, de feuilles. Il produit alors des axes supplémentaires, appelés rejets (terme général qui inclut ici les gourmands, l'équivalent de « suppléants » utilisé par Drénou, 2009). L'arbre connaît un recul dans sa séquence de développement dû aux pertes. Les rejets tentent d'en reprendre le cours.

La production ou non de rejets dépend de la force d'impact de la taille. L'arbre réagit selon la quantité de matériel qui lui est soutiré, mais également selon la nature de ce matériel, c'est-à-dire selon la catégorie d'axe impliquée et le rôle qu'elle joue dans l'organisation de sa structure.

Pourcentage de cime taillé

Il existe une règle qui dit qu'il est préférable de ne pas tailler plus de 30 %[50] de la cime d'un arbre à la fois. Cette règle est utile pour prévenir les tailles trop sévères. En cela, elle mérite d'être proposée comme balise. Plus le nombre d'axes prélevés sur un arbre est grand, plus il a de possibilités de se retrouver en déficit de branches et de feuillage, plus il aura besoin de produire de nouvelles repousses pour pallier le manque, mais aussi plus il aura de risque d'être affaibli par l'effort, plus il aura de blessures à cicatriser, plus il sera sensible aux maladies, etc. Il est important que l'intervenant se fixe un maximum de volume de taille à ne pas dépasser de manière à protéger la santé de l'arbre. Mais d'où vient ce chiffre de 30 % appliqué indistinctement à tous les arbres, quels que soient leur âge, leur taille et leur espèce ?

Il est bon de se rappeler que l'évaluation du 30 % de cime qu'on dit pouvoir soutirer à un arbre sans risque de nuire à son développement a d'abord été faite à partir de l'observation d'arbres au tronc unique sur lesquels les branches du bas étaient élaguées artificiellement (figure 4.1) dans le but de produire du bois de qualité. Les branches du bas sont celles qui poussent le moins vite. Elles sont moins productives et moins exposées à la lumière que les branches du haut. De plus, elles n'entrent pas dans la composition de la structure de soutien de l'arbre. Leur taille a moins d'impact sur l'ensemble de l'arbre qu'une taille effectuée dans la partie supérieure de l'arbre.

---

50. 1/3 du feuillage de l'arbre selon Hubert et Courraud (2002), 25 % du feuillage dans une même saison de croissance selon Harris, Clark et Matheny (2004), 15 à 20 % de la surface feuillée selon Gilman, http://www.sactree.com/assets/files/greenprint/toolkit/a/pruningComplete.pdf (consulté en 2014), 20 % de la ramure en une seule opération et par année selon le Bureau de normalisation du Québec, BNQ 0605-200-IV/2001, page 84.

Retirer ces mêmes 30 % dans le haut de la cime (figure 4.2) ne produira pas le même résultat. Les risques de désorganiser l'arbre dans son fonctionnement sont bien sûr beaucoup plus grands. L'arbre, par sa réaction, témoigne d'ailleurs de ce qui lui a été

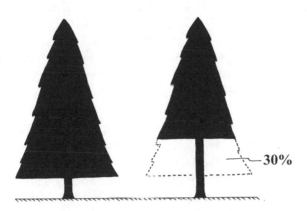

Figure 4.1 – Maximum de volume de taille de 30 % à ne pas dépasser. L'évaluation a d'abord été faite chez des arbres dont les branches du bas ont été élaguées.

Figure 4.2 – Transposer le 30 % de volume de taille dans le haut d'une cime a pour effet de désorganiser l'arbre dans son fonctionnement, de provoquer la pousse de rejets et de nuire à sa santé.

défavorable. Jac Boutaud le reconnaît : « Si l'arbre fait beaucoup de rejets, c'est signe que vous avez manqué votre coup ! Vous l'avez trop taillé ! » (communication personnelle).

L'abondance de rejets est chose courante chez les arbres taillés (photo 4.1), à tel point qu'il serait facile de les croire inévitables. Néanmoins, non seulement les rejets sont « évitables », mais aussi il est préférable d'éviter leur stimulation, sauf exception bien sûr[51]. L'abondance de rejets témoigne de la désorganisation dans laquelle l'arbre a été projeté en réaction à la taille (voir la section *Phase de réaction*). Cette désorganisation a des conséquences néfastes pour l'arbre (entre autres un épuisement de ses réserves, chapitre 5) de même que pour la réussite de nombreux plans d'aménagement. En effet, une fois l'arbre désorganisé, déjà lorsqu'il est tout jeune, « on ne sait plus ce qu'il va faire » (citation d'un horticulteur). Il devient par le fait même difficile d'orienter sa croissance, un préalable pour mener à terme la plupart des objectifs d'aménagement. Le lecteur qui veut en savoir plus sur les effets indésirables de la taille est invité à consulter les chapitres 18 et 19 de Millet, 2012.

Si le respect d'un maximum de 30 % de cime à tailler n'assure pas le maintien du plan d'organisation de l'arbre, est-ce qu'il assure au moins que l'arbre ne basculera pas dans un dépérissement ? Rien n'est moins sûr. Quand plusieurs facteurs ou intervenants agissent successivement sur un même arbre, le pourcentage de cime total perdu a de fortes chances de dépasser 30 %. Par exemple, si 30 % de la cime d'un arbre a été cassé sous le poids d'un verglas, est-ce que, même avec la bonne intention d'équilibrer la structure de l'arbre, la taille de seulement 5 % de sa cime restante est appropriée ? Chaque fois que le passage des intervenants qui dégagent le réseau électrique est suivi du passage des intervenants qui dégagent les rues, est-ce que chacun appliquera son maximum de 30 % de cime à prélever ? Qu'est-ce que 30 % de cime signifie

---

51. Il est préférable d'éviter la stimulation de rejets sauf pour les arbres taillés en forme architecturale sur tête de chat, prolongement et rideau tondu (Boutaud, 2003) pour lesquels la production de rejets est inévitable, attendue et aux conséquences assumées.

Photo 4.1 – Abondance de rejets sur un érable argenté situé sous des fils électriques et en bordure de rue en milieu urbain.

pour un arbre dont l'état n'a pas été évalué avant la taille? Est-ce que l'arbre est déjà occupé à réagir à une taille précédente ou à un traumatisme quelconque? Dans l'affirmative, il y a de fortes chances qu'il ait temporairement épuisé les réserves accumulées dans son tronc (chapitre 5). Est-ce que l'arbre est déjà engagé dans un dépérissement (chapitre 6)? Une réponse positive à l'une de ces deux dernières questions indique que l'arbre n'est pas disposé à subir une taille. Ce n'est donc pas 30 % de sa cime qu'il faut respecter, mais plutôt 0 %, le temps que l'arbre soit mieux disposé.

Il semble que le chiffre maximum de 30 % (ou 15 %, 20 %, 25 % selon la norme adoptée) de la cime à retirer souvent prescrit, serve plus à donner bonne conscience à celui qui taille qu'à protéger l'arbre d'une trop forte perturbation. Le 30 % a été proposé comme balise et il est enseigné en attendant de savoir faire autrement. Celui qui se préoccupe de la réaction de l'arbre se servira du diagnostic de son architecture pour évaluer dans quel état l'arbre se trouve. Ainsi, il sera plus avisé et en mesure de proposer un programme d'intervention favorisant un effet positif à long terme.

Phase de réaction – l'arbre désorganisé

Le pourcentage de cime prélevé et la dominance des axes concernés jouent tous deux un rôle dans la force d'impact de la taille sur l'arbre. Néanmoins, un fort impact est assuré par la seule destruction de l'extrémité du tronc chez l'arbre qui est encore en phase de construction de son tronc. Éliminer l'extrémité du tronc, même si ce n'est que par le pincement de son bourgeon terminal, suffit à détruire le centre organisationnel de l'arbre. L'élimination de l'extrémité du tronc et de quelques amorces de branche forte dans le haut (une pratique courante en taille de formation) risque d'avoir un effet encore plus prononcé (figure 4.3).

La première réaction de l'arbre à la perte de l'extrémité de son axe principal est sa désorganisation, c'est-à-dire la bascule de son plan d'organisation[52] (figure 4.3c). L'arbre se désorganise et reste désorganisé jusqu'à ce qu'il puisse se réajuster à la nouvelle situation et qu'il ait rétabli, dans la mesure du possible et après délai, une autre hiérarchie entre ses axes (figure 4.3f).

Concrètement, la destruction de l'extrémité du tronc (A1) cause l'arrêt de sa production d'hormones. Il s'ensuit une levée de l'inhibition du développement des branches sous-jacentes exercée jusque-là par ces hormones. Conséquemment, il se produit un changement significatif dans l'orientation de la force de croissance de l'arbre. Auparavant concentrée à l'extrémité de son tronc, elle est tout à coup détournée vers les vieilles parties de l'arbre, réveillant des bourgeons restés latents depuis leur formation et même, au besoin, stimulant la production de nouveaux bourgeons[53]. L'arbre se met à produire des rejets (figure 4.3c). Les rejets sont distribués un

---

52. L'arbre passe d'un plan d'organisation hiérarchique à un plan d'organisation polyarchique.
53. Les bourgeons adventifs.

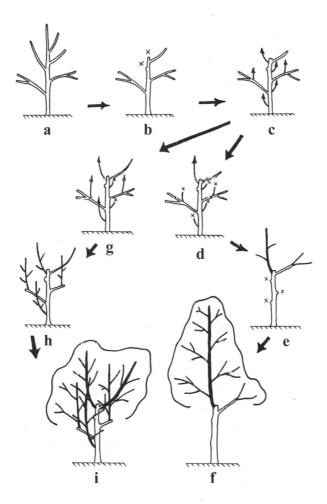

Figure 4.3 – Reconstruction de l'arbre après traumatisme. **a.** Arbre avant l'intervention. **b.** Arbre après l'élimination de l'extrémité de son tronc et de ses branches fortes du haut (x). **c.** Phase de réaction, profusion de rejets (en trait noir). **d**, **e** et **f.** Phase de rétablissement. Un rejet prend la relève de la construction du tronc tandis que les autres déclinent, meurent et tombent (x). Retour à une structure hiérarchisée. **g**, **h** et **i.** Reconstruction de la cime en mode désorganisé. Les multiples rejets se développent comme autant de troncs sur un seul pied. Maintien à long terme d'une forme en boule ou du moins d'un arbre au houppier plus large et moins régulier. D'après Genoyer, 1994.

peu partout dans l'arbre, sur son tronc et ses branches, de même qu'à la base des plaies. Plus la force d'impact de la taille est grande, plus il y a de rejets.

Pour produire une grande quantité de rejets, l'arbre doit puiser dans ses réserves. Il s'agit pour lui d'une dépense soudaine et importante d'énergie qui risque de le rendre plus vulnérable à d'autres traumatismes. Tout au moins, le feuillage abondant des rejets aide rapidement l'arbre à refaire ses réserves.

Ce type de réponse aux tailles a été étudié dans les années 1990 par Pascal Genoyer (1994). Il a décrit et nommé la «phase de réaction» de l'arbre. Il a montré que la production de rejets par l'arbre est associée à la perte de hiérarchie dans son système ramifié[54]. Il a également mis en évidence une deuxième phase de réponse de l'arbre à la taille, la phase de rétablissement.

Phase de rétablissement

En même temps que la phase de réaction ou après une période de temps (de 3 à 5 ans chez de nombreux arbres taillés), une phase de rétablissement se met en place. Un rejet se met à pousser plus vite que les autres et à se redresser aussi avec plus de vigueur (figure 4.3d, e et f). Il s'accapare le rôle d'axe dominant (A1) et il se ramifie tandis que les autres rejets poussent de moins en moins vite, déclinent et meurent. Une sélection naturelle des rejets s'opère ainsi au fur et à mesure que l'arbre rétablit une hiérarchie entre ses axes. Le rejet le plus fort prend en charge la construction d'une nouvelle cime dite «de remplacement».

Si la coupe est faite sur un arbre plus avancé dans son développement (arbre adulte fourché), chaque élément de fourche taillé aura tendance à produire des rejets sous sa plaie (phase de réaction). Une sélection des rejets pourra se faire avec le temps (phase de rétablissement). Le remplacement de ce qui a été taillé

---

54. Passage d'un plan d'organisation hiérarchique à polyarchique.

avec retour de hiérarchie se fait à l'échelle de chaque cimette (ou unité hiérarchisée) composant la cime.

Depuis les travaux de Genoyer (1994), on reconnaît le délai de quelques années souvent nécessaire à l'arbre pour pouvoir reprendre une croissance organisée. Aussi, depuis les années 1990 en France, on enseigne aux arboriculteurs à être patients et à ne pas intervenir trop rapidement sur les arbres porteurs de rejets. L'intervenant est encouragé à laisser à l'arbre le temps de choisir de lui-même lequel des rejets sera le plus apte à récupérer la dominance. Il est généralement question de 3 à 5 ans, mais cela peut aller jusqu'à 10 ans. Un empressement à éliminer les rejets avant que l'arbre soit prêt, en taillant par exemple ceux considérés comme les plus disgracieux, ne peut que maintenir à plus long terme encore l'arbre dans un état de désorganisation et le stimuler à produire d'autres rejets. Un arbre qui puise dans ses réserves à répétition est à risque de devenir dépérissant. De plus, l'intervenant trop empressé risque de tailler le rejet que l'arbre aurait choisi de lui-même comme le plus apte à récupérer la dominance.

Il arrive que des jeunes arbres ne se remettent jamais complètement d'une taille, dans le sens que leur structure demeure fortement modifiée à long terme. En effet, ils peuvent garder de façon permanente un grand nombre de rejets qui se partagent la plus forte croissance de l'arbre, ce qui maintient l'arbre dans une forme « en boule » (figure 4.3i). C'est le cas de nombreux arbres le long des rues ou sur les parterres (photo 4.2). Ils ont cinq ou six branches maîtresses, ou même plus, toutes insérées à la même hauteur sur le tronc, souvenir que l'arbre avait produit de nombreux rejets à une époque où il était désorganisé à la suite des traitements subits. La seule présence de nombreux rejets de dimensions équivalentes peut rendre difficile la récupération de la dominance apicale par un seul de ces rejets (Drénou, 1999). Lorsque l'arbre ne parvient pas après plusieurs années à se libérer de ses nombreux rejets, une intervention légère (réduction de branche, chapitre 10) peut être pratiquée au besoin (selon l'objectif poursuivi par le gestionnaire). Elle aidera au rétablissement de la hiérarchie dans la structure de l'arbre dans la mesure où l'arbre est encore en phase de construction de son tronc, ce que le diagnostic permet de déterminer (chapitre 9).

Enfin, il peut également arriver que la phase de réaction précipite l'arbre dans un état de dépérissement (chapitre 6). Cela se remarque à une production de rejets de plus en plus basse sur l'arbre et éventuellement à la mort de l'arbre. Chez des arbres déjà en déficit d'énergie, en lien par exemple avec des conditions de croissance difficiles (sol compacté et pauvre, forte exposition aux vents, pollution, etc.), une taille même légère, d'autant plus si elle est pratiquée dans le haut de la cime de l'arbre, peut à elle seule suffire à lui faire dépasser son seuil de tolérance et à provoquer son dépérissement.

Ce qui a été vu et ce qui vient

Le chapitre 4 rappelle que la taille est un traumatisme pour l'arbre. Elle le prive des axes feuillés dont il a besoin et déstabilise son fonctionnement. La règle du 30 % de volume de taille à ne pas dépasser est discutée, mettant ainsi de l'avant l'importance de tenir compte de l'état de l'arbre (révélé par son diagnostic) et de la nature du matériel qu'on souhaite lui soutirer (catégorie d'axe, position dans l'arbre). L'élimination de l'extrémité du tronc chez l'arbre encore en phase de construction de son tronc a le plus fort impact. Toute taille pratiquée dans le haut de la cime d'un arbre sur ses axes les plus forts enclenche une réaction chez ce dernier associée à la désorganisation de son fonctionnement. La phase de réaction de l'arbre s'accompagne de la production de nombreux rejets. La phase de rétablissement qui s'ensuit vient du rétablissement de la hiérarchie dans la structure de l'arbre, ce qui peut prendre de 3 à 5 ans. Il est conseillé de ne pas intervenir pendant cette période.

Photo 4.2 – Difficulté de rétablissement après taille. Les multiples éléments de la fourche du tronc de ce tilleul à petites feuilles viennent du maintien à long terme des nombreux rejets produits en période de désorganisation de la structure de l'arbre.

Le chapitre suivant (chapitre 5) montre de quelle manière la taille d'un arbre influe sur la distribution des réserves dans son tronc et ses branches et quelles en sont les répercussions à long terme sur la réponse de l'arbre aux tailles. Il sera question de persistance de la repousse au même endroit et de dépérissement à retardement.

Chapitre 5
Les réserves dans le tronc

D ans les années 1990, Gérard Bory a injecté dans les racines des arbres un produit radioactif. À l'aide d'un détecteur, il a suivi le parcours de la sève radioactive dans sa montée dans le tronc et les branches. Après un certain temps, il a observé des zones de forte radioactivité à plusieurs endroits dans le tronc de l'arbre, par exemple à la base de ses branches maîtresses et près du collet. Ses analyses ont confirmé que l'arbre accumule des réserves dans son tronc, sous la forme d'amidon, aux endroits précis où la radioactivité est intense. Bory a cartographié les zones de forte radioactivité et, par le fait même, de forte accumulation d'amidon (figure 5.1). Il s'est rendu compte que l'arbre qui a été taillé accumule des réserves d'amidon à l'endroit même où il produit ses repousses, tout juste en dessous. Cette accumulation de réserves a pour effet de favoriser au besoin une repousse au même endroit.

Or, les tailles de dégagement en milieu urbain sont souvent faites à la dernière minute, au moment où les branches entrent en interférence directe avec le mobilier urbain ou avec la zone de dégagement désignée. En réaction à la taille, l'arbre produit aussitôt des repousses, à l'endroit même où sa croissance gêne le plus. Conséquemment, les élagueurs doivent revenir périodiquement pour tailler, chaque fois au même endroit. L'arbre, de son côté, est paré aux coups. De façon tout autant obstinée, il remet en place à chaque fois de nouvelles repousses, plus fortes encore que les premières, dans un effort ultime de vaincre l'adversité. Malheureusement, ses efforts se soldent souvent par un dépérissement et une mort précoce puisque la persévérance des élagueurs est grande et qu'elle prend le dessus sur la capacité de l'arbre à se renouveler. L'arbre urbain étant soumis à un ensemble de facteurs non favorables à son développement (conditions de sol, pollutions, blessures sur le tronc, etc.), les nombreuses tailles qu'il subit ne peuvent qu'aggraver sa situation et le pousser à atteindre ses limites encore plus rapidement. Des arbres dont l'espérance de vie est de 130 ans ou 400 ans en milieu naturel, par exemple l'érable argenté et l'érable de Norvège (*Acer platanoides*), commencent à être abattus à l'âge de 40 ans le long des rues.

Que s'est-il passé? Peut-on éviter ce combat coûteux avec l'arbre et pour l'intervenant? Peut-on vraiment encourager l'arbre à pousser autre part lorsqu'il y a un problème d'interférence avec le mobilier urbain ou pour tout autre besoin de dégagement (sécurité, visibilité, accès à la circulation, etc.)? En foresterie, tout particulièrement en sylviculture, la taille des branches fortes le long du tronc d'un arbre feuillu, visant à produire un bois de qualité, pose également des problèmes de repousse (rejets le long du tronc) en plus de causer des risques phytosanitaires (pathologies, attaques de ravageurs, carences). Peut-on encourager l'arbre à mettre en place un tronc exempt de branches basses, de grosses branches et de fourches sans pour autant faire appel à la taille qui stimule une accumulation d'amidon dans le tronc et la prolifération des repousses indésirables? Avant de répondre à ces questions (chapitre 10), voyons d'abord ce qu'on peut comprendre de plus sur le fonctionnement de l'arbre à partir des observations faites par Gérard Bory.

Potentiel de repousse à la base des unités hiérarchisées

Les observations de Bory montrent que l'arbre accumule de l'amidon à la base de son tronc, de ses branches maîtresses et des rejets apparus tardivement (figure 5.1). L'accumulation d'amidon se fait ainsi à la base de ce qu'on a appelé ici ses unités hiérarchisées.

Les données de Bory concordent avec la reconnaissance des unités hiérarchisées. Elles confirment que ces unités accumulent des réserves à leur base et appuient par le fait même l'idée que chaque unité hiérarchisée a un fonctionnement relativement individualisé[55].

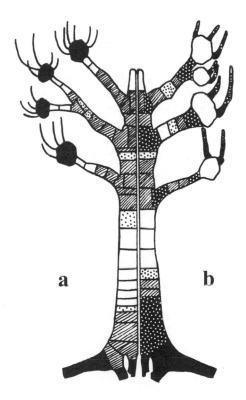

Figure 5.1 – Localisation des réserves d'amidon chez des platanes (*Platanus acerifolia*) taillés en «tête de chat». **a.** Lorsque les tailles sont régulières, l'amidon est surtout concentré dans les têtes de chat. **b.** Lorsque les tailles sont abandonnées, la plus forte concentration d'amidon se situe à la base des rejets produits par les têtes de chat elles-mêmes vidées de leurs réserves. Les dégradés de gris représentent les concentrations de réserves qui s'échelonnent de 50-100% (noir) à 0-15% (blanc). D'après Bory et collab., 1997.

---

55. On dit relativement individualisé du fait que l'unité hiérarchisée n'est souvent que la partie d'un ensemble, l'arbre, lui-même organisé comme un tout bien individualisé.

Lorsque l'arbre subit une taille, dans son effort de remettre en place ce qui lui a été soutiré, il produit de nouvelles unités hiérarchisées. L'accumulation d'amidon à leur base est aussitôt stimulée. Une telle réaction de l'arbre le protège et le prépare à rétablir une autre fois et au besoin de nouvelles repousses advenant le cas où le facteur destructeur persiste. Mais d'où lui vient cette réaction? L'accumulation de réserves localisée à la base du tronc est une caractéristique du jeune arbre qui a été, semble-t-il, conservée à l'échelle de chaque unité hiérarchisée composant l'arbre.

De façon générale, en plus d'assurer l'entretien de ses tissus vivants, le stockage de réserves dans le tronc permet à l'arbre d'assurer sa repousse lorsque sa croissance exige plus d'énergie que ce qui est transformé directement par ses feuilles. L'arbre qui a de bonnes réserves dans son tronc a plus de chance de survivre au passage d'une tornade qui lui arrache une partie de sa structure ou encore au passage d'un feu qui élimine d'un seul coup tout son feuillage. Ainsi, bien que la croissance de l'arbre soit plutôt orientée dans le haut de sa structure, à l'extrémité de ses axes, il est utile, voire vital pour l'arbre, que ses réserves soient plutôt accumulées dans le bas. Ce trait de caractère a été sélectionné au cours de l'évolution pour les bénéfices que l'arbre en retire au niveau de sa survie. L'élimination de branches et d'une partie du tronc dans le haut de l'arbre peut encore être suivie d'une repousse à partir du bas, la partie de l'arbre qui a le plus de chance d'être épargnée des intempéries et des traumatismes en tous genres.

Comme on l'a vu précédemment (chapitre 3), les arbres fourchés ont une structure qui résulte de l'empilement de plusieurs unités hiérarchisées. Lorsque certaines de ces unités sont emportées par un fort vent ou brisées sous le poids d'un verglas, leur repousse est favorisée, de la même manière que pour l'arbre entier, par la présence de réserves à leur base. Les unités hiérarchisées qui composent l'arbre peuvent être vues comme autant de petits arbres qui se sont regroupés et se sont empilés les uns sur les autres pour former un grand arbre. La vision de l'arbre-colonie aide à comprendre de quelle manière se fait la distribution des réserves dans le tronc et les branches de l'arbre, lesquelles influencent la réaction de l'arbre aux tailles ou à toute autre forme de traumatisme. À défaut de pouvoir injecter des substances radioactives dans le tronc d'un arbre chaque fois qu'on souhaite intervenir, la connaissance de ce qu'est une unité hiérarchisée et la reconnaissance de leur position dans la cime de l'arbre aident à déduire où sont les zones de plus forte accumulation de réserve d'amidon.

Stimulation de la repousse au même endroit

Les réserves d'amidon dans le tronc des arbres facilitent la repousse des nouvelles tiges. Elles sont mises à contribution chaque fois qu'un arbre est taillé. La taille stimule la repousse de l'arbre ainsi que l'accumulation de réserves à sa base, dans le tronc ou la branche qui la supporte. Lorsque les tailles sont répétées, l'accumulation des réserves chaque fois stimulée entretient à long terme une tendance de l'arbre à repousser au même endroit, comme un souvenir, même si l'arbre a continué à pousser plus haut et qu'il n'a plus réellement besoin de pousser à la hauteur de ses anciennes blessures (photo 5.1).

Cette tendance de l'arbre à repousser au même endroit, qu'on sait maintenant reliée à une accumulation de réserves d'amidon dans le tronc, est un trait de caractère des arbres qui a été exploité pendant plusieurs millénaires en Europe de l'Ouest, dont en France dans la production des arbres « têtard » ou « tête de chat » ou encore « trognes ». La taille régulière et la repousse incessante des arbres qu'on gardait exprès petits donnaient aux gens accès à du petit bois pour le feu. Cette pratique perdure encore aujourd'hui, bien que ce soit plus pour une question de survie du patrimoine que pour l'usage qui n'est plus.

Photo 5.1 – Entretien de la repousse au mauvais endroit (pointillé). Exemple d'un arbre, un frêne rouge, dont la taille à bas âge sous les fils électriques a stimulé une repousse et une accumulation de réserves dans le tronc. Bien que des années plus tard, l'arbre ait atteint une maturité lui permettant d'avoir des portions de tronc dénudées (→), il continue à produire des rejets indésirables sous les fils. Une dépendance de l'arbre aux tailles a été provoquée par des interventions mal choisies.

Les travaux de Bory ont montré que les têtes de chat de l'arbre contiennent une grande réserve d'amidon (figure 5.1a). L'arbre supporterait mal que ses têtes de chat lui soient retirées. La perte énergétique serait terrible au point de menacer la vie de l'arbre qui tenterait encore de nouvelles repousses, malgré le risque de s'épuiser complètement. Bory a montré que l'arrêt des tailles sur le dessus des têtes de chat pendant quelques années favorise une migration des réserves d'amidon plus haut le long des branches (figure 5.1b). Les têtes de chat se vident de leurs réserves. Il est déconseillé aux arboriculteurs de reprendre la taille de l'arbre au ras de ses têtes de chat après l'avoir laissé pousser pendant plusieurs années. Cela aurait pour effet de vider l'arbre d'une grande partie de ses réserves et de menacer sa vie.

Sous les fils électriques ou aux abords du mobilier urbain, c'est par méconnaissance qu'on pratique un type de taille qui enclenche bien involontairement et à regret ce processus de stimulation de la repousse (voir chapitre 18 dans Millet, 2012). L'obligation de revenir périodiquement pour tailler au même endroit s'avère très coûteuse, pour l'arbre et pour l'intervenant (et en fin de compte pour les contribuables). Ces tailles répétitives nuisent à l'esthétique et à la santé de l'arbre. De plus, à la lumière des travaux de Bory, on comprend comment un changement des normes de dégagement qui autorise soudainement la taille de grosses branches peut avoir un effet catastrophique sur la santé et les chances de survie des arbres.

Pour éviter le problème de stimulation de la repousse au même endroit, il importe avant tout de ne pas tailler des axes à forte croissance. Cela demande une planification et un engagement plus précoces des travaux de manière à favoriser une orientation adéquate de la croissance de l'arbre. Une réduction préventive des branches est proposée au chapitre 10 plutôt que leur élimination draconienne à un moment où il est déjà trop tard, c'est-à-dire que l'interférence avec le mobilier urbain est éminente ou a déjà lieu. Je cite ici Claude Le Maut (2012): «Les plantes sont si malléables quand on s'y prend à temps.»

Les pratiques de taille méritent d'être révisées chez les petits sujets nouvellement plantés sur rue, mais également dès leur préparation en pépinière. En effet, il n'est pas rare que des jeunes plants produits en pépinière fassent l'objet de tailles trop nombreuses et trop fortes alors qu'un ajustement de leurs conditions de croissance (luminosité, sol, drainage, contrôle des mauvaises herbes) pourrait de façon préventive améliorer la qualité de leur développement (par exemple limiter la production de fourches du tronc) et diminuer leurs besoins d'être taillés (voir les chapitres 18 et 19 dans Millet, 2012). Plus souvent un arbre est taillé là où sa croissance est la plus forte (les pires cas étant vus chez les gros sujets produits en pépinière), plus nombreux sont les points de réaction où sa repousse pourra proliférer des années après.

Décalage entre le traumatisme et le déclin de l'arbre

Lorsqu'un arbre subit un traumatisme, comme la taille de grosses branches, il puise dans ses réserves accumulées dans son tronc pour produire ses nouvelles repousses. Malgré le contrecoup qu'il vient de subir, l'arbre peut sembler vigoureux en raison de la forte croissance de ses repousses bien qu'en réalité, il fonctionne sur ses réserves. Ce n'est qu'après un certain temps qu'il aura réellement récupéré ses énergies, c'est-à-dire lorsque son nouveau feuillage lui aura permis de refaire ses réserves. Après quelques années, il sera mieux disposé à réagir à d'autres traumatismes.

Par contre, si sa repousse ne suffit pas à son bon rétablissement, si l'arbre ne réussit pas à combler ses besoins en énergie par sa photosynthèse et continue à puiser dans ses réserves, sa croissance d'année en année risque d'épuiser ses dernières réserves. De plus, une succession de perturbations en tous genres couplée à des conditions de croissance difficiles peut contribuer à entretenir chez l'arbre un niveau bas en énergie et une difficulté à reprendre le dessus : une défoliation, une sécheresse, une forte tempête, une taille supplémentaire, etc. Si l'arbre puise dans ses dernières réserves et ne parvient pas à s'en refaire de nouvelles, après quelques années, il présentera des signes de dépérissement (chapitre 6).

La possibilité de fonctionnement sur réserves peut ainsi causer un délai entre l'événement perturbateur et le déclin de l'arbre. Ce n'est pas parce qu'un arbre présente une forte repousse qu'il est pour autant vigoureux et capable de subir une autre intervention. Lorsqu'un arbre dépérit, on peut se poser la question : «Qu'est-ce qu'il a subi depuis les derniers 5 ans?» Il y a de fortes chances qu'un traumatisme majeur soit repéré, qu'il soit aérien ou souterrain. Les tailles sont pour les arbres des traumatismes majeurs. Elles doivent être pratiquées avec retenue et surtout en considérant l'histoire de vie de l'arbre et des projets d'aménagement à venir.

Ce qui a été vu et ce qui vient

L'arbre accumule des réserves d'amidon dans son tronc, ses branches et ses racines. Dans sa partie aérienne, ces réserves se concentrent surtout à la base de ses unités hiérarchisées (base du tronc, des branches maîtresses et des rejets). La taille, qui a un fort impact sur l'arbre et qui stimule sa production de rejets, stimule par la même occasion l'accumulation de réserves à la base de ces rejets. Cela enclenche chez l'arbre une tendance à long terme à produire des rejets au même endroit. La possibilité pour l'arbre de produire de nouvelles pousses tout en puisant dans ses réserves explique le décalage possible entre le moment de la perturbation (taille, tornade, attaque massive d'insectes, forage du sol, etc.) et un éventuel dépérissement de l'arbre. Le chapitre suivant (chapitre 6) fournit des critères permettant de détecter les premiers signes de dépérissement chez l'arbre et d'en évaluer la progression.

Chapitre 6
Le dépérissement

Q uelles que soient les conditions dans lesquelles ils vivent, en milieu ouvert comme en forêt, qu'ils subissent des interventions ou non, les arbres meurent à tous les stades de développement, depuis le stade de plantule jusqu'à celui d'arbre mature. Le nombre important de graines ayant germé au sol compense largement pour ce phénomène de sélection qui se produit quotidiennement. Les plus forts survivent et les plus faibles meurent. Le nombre de représentants de chaque espèce diminue d'un stade de développement à l'autre. Il ne reste plus à maturité qu'un nombre limité d'arbres, ceux qui ont le mieux résisté aux accidents, aux maladies et aux intempéries en plus d'avoir survécu aux rapports de force qui se jouent entre les arbres eux-mêmes. De fait, si tous les plants issus de graine devaient survivre, il manquerait vite de place. La compétition pour l'espace et la lumière a rapidement raison des plus faibles. Il en va de même avec la compétition pour les nutriments et pour l'eau disponibles dans le sol. Les arbres qui atteignent la voûte forestière et la composent sont sans contredit des vainqueurs, bien qu'ils ne soient toujours pas à l'abri d'une mortalité précoce. Peu atteindront les 100 à 400 ans d'espérance de vie propre à leur espèce.

Lorsque les arbres succombent, tout dépendant du mal qui les emporte, leur mort peut être rapide ou graduelle. En effet, il arrive que la mort soit rapide, voire fulgurante, surtout chez les jeunes sujets. Le plant tout entier dessèche sur pied et finit par tomber. Mais le plus souvent, la mort est graduelle. La vie dans l'arbre semble se retirer progressivement du haut vers le bas, accompagnée de quelques tentatives de survie de l'arbre. Il produit des rejets de plus en plus bas le long de son tronc, jusqu'à l'épuisement complet de ses dernières énergies. On dit de l'arbre qu'il connaît une descente de cime, jusqu'à en mourir.

Les traits de l'arbre dépérissant

L'arbre dépérissant n'est pas un arbre sénescent. Il a commencé à mourir dans le haut alors qu'il n'avait pas achevé sa séquence de développement. Sa mort n'est pas liée à une maturité atteinte mais plutôt à une limite d'endurance face à des conditions de croissance devenues trop difficiles. Bien que l'arbre dépérissant et l'arbre sénescent puissent tous deux connaître une descente de cime, la sénescence est irréversible tandis que le dépérissement a encore des chances d'être renversé. Il peut en effet être interrompu si l'arbre parvient à reprendre le dessus, que ce soit de lui-même ou parce que les conditions du milieu sont améliorées.

Contrairement à la sénescence, le dépérissement se caractérise par la mortalité de structures dans le haut de l'arbre qu'on considère encore «jeunes»[56], tandis que des repousses apparaissent plus bas (figure 6.1). Les rejets du bas de l'arbre tentent en quelque sorte de remplacer la cime moribonde située plus haut. Il arrive qu'un nombre limité de rejets se mettent à pousser plus vite que les autres, prenant le dessus, et réussissent à établir une cime de remplacement. On ne parle alors plus de dépérissement puisque l'arbre est engagé dans une phase de rétablissement (chapitre 4). L'arbre dont la structure est renouvelée à la suite d'un dépérissement (appelé arbre résilient par Drénou, 2009) voit ainsi sa vie prolongée pour un temps. Il a l'occasion à nouveau de fleurir. Il ne faut toutefois pas s'attendre à ce que la cime de remplacement chez l'arbre adulte atteigne les mêmes hauteurs que la cime d'origine.

---

56. Les unités hiérarchisées du haut de l'arbre ne sont pas encore des «unités minimales», c'est-à-dire la plus petite expression possible, pour une espèce donnée, de l'unité architecturale nécessaire à l'apparition de la sexualité. Selon l'espèce, elle est peu ou pas ramifiée.

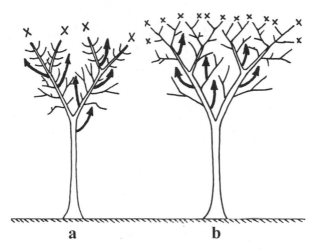

Figure 6.1 – Dépérissement et sénescence, deux états pouvant mener à une descente de cime. **a.** L'arbre dépérissant a atteint une limite d'endurance face à son environnement avant d'avoir eu le temps de compléter sa séquence de développement. Des structures considérées encore «jeunes» dans le haut de sa cime meurent et des rejets apparaissent plus bas. **b.** L'arbre sénescent a atteint la fin de sa séquence de développement. Il a eu le temps de produire une suite de fourches courtes dans le haut de sa cime avant de commencer à mourir du haut et de mettre en place des rejets plus bas. x : axe mort, ➡ : rejet.

Les signes de progression du dépérissement

Il arrive que la descente de cime continue de progresser malgré les tentatives de l'arbre de reconstruire sa cime. L'arbre ne parvient pas à entrer en phase de rétablissement. Les repousses apparues sous sa cime moribonde ne suffisent pas à pallier le manque d'énergie de l'arbre et à cicatriser ses plaies. Ses repousses n'ont pas le temps de se développer longtemps qu'elles deviennent moribondes à leur tour. Dans ces conditions, soit que l'arbre meurt, soit que d'autres repousses apparaissent plus bas. Et ainsi de suite jusqu'à la mort complète de l'arbre (figure 6.2).

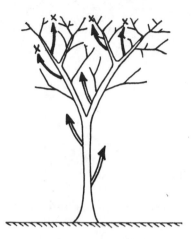

Figure 6.2 – Progression du dépérissement et changement de position des rejets. Avec le temps, les rejets apparaissent de plus en plus près du tronc le long des branches et de plus en plus bas le long du tronc. ➡ : premiers rejets produits par l'arbre et devenus moribonds après quelque temps. ⇒ : rejets apparus plus récemment (donc plus jeunes bien qu'ils puissent être plus longs) lors d'une deuxième tentative de l'arbre de renouveler sa cime. x : mortalité de l'extrémité de l'axe.

Une façon de suivre la progression du dépérissement est de suivre le changement de position des nouveaux rejets par rapport aux précédents. Lorsqu'au fil des années, les rejets successifs apparaissent de plus en plus près du tronc le long des branches et de plus en plus bas le long du tronc, l'arbre est sans contredit engagé dans un dépérissement qui progresse.

En l'absence d'une récente apparition de rejets, une autre façon de suivre la progression du dépérissement est de comparer la longueur des pousses annuelles des rejets déjà en place. La progression du taux de croissance sur plusieurs années le long des tiges permet de confirmer le sens de progression du processus. Le dépérissement est bel et bien en progression lorsque les rejets du haut présentent d'année en année une croissance de plus en plus faible tandis que les rejets du bas présentent une croissance de plus en plus forte (figure 6.3).

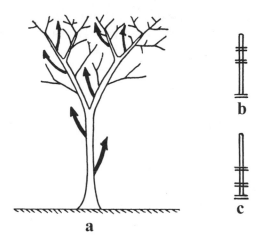

Figure 6.3 – Progression du dépérissement visible dans le changement de longueur des pousses annuelles. **a.** Vue d'ensemble de l'arbre avec ses rejets en trait gras, **b.** Gros plan d'un rejet du haut de l'arbre dont les unités de croissance sont de plus en plus courtes, **c.** Gros plan d'un rejet du bas de l'arbre dont les unités de croissance sont de plus en plus longues. = : limite d'unité de croissance.

Il ne faut pas oublier qu'un arbre peut survivre à un dépérissement. Mais, il ne faut pas non plus se laisser berner par une croissance forte de nouveaux rejets, surtout lorsqu'ils apparaissent de plus en plus bas sur le tronc. L'arbre n'en est pas moins dépérissant. Ce sont les signes de transformation de l'architecture de l'arbre, le mouvement de progression des taux de croissance et de la position des rejets qui témoignent du sens de progression du développement de l'arbre, à savoir s'il connaît un rétablissement ou si son dépérissement continue de progresser.

D'autres traits architecturaux peuvent servir d'indicateurs du degré de progression d'un dépérissement. Leur identification dépend d'une grande connaissance des arbres selon l'espèce. Drénou (2011) fait référence à l'orientation des rejets et à leur degré de ramification chez le chêne pédonculé. Il montre comment la connaissance plus poussée d'une essence en particulier permet de déterminer à partir de quand (ou plutôt à partir de quel degré d'évolution de son architecture) un dépérissement peut être considéré irréversible. D'autres études du genre sur un nombre croissant d'espèces devront être faites pour savoir mieux prévoir les chances de rétablissement des arbres après dépérissement.

Chapitre 7
Pourquoi est-ce important de connaître l'architecture des arbres ?

- Parce que chaque espèce d'arbre a une séquence de développement qui lui est propre et qui se reflète dans son architecture. Savoir détecter à quel stade de développement un arbre est rendu renseigne sur ses potentiels de croissance et de développement en lien avec son état de maturité (chapitre 3).

- Parce que l'arbre réagit aux conditions changeantes de son environnement, incluant les tailles, et que cela se reflète aussi dans son architecture. La forte réaction d'un arbre face à un facteur du milieu enclenche une bascule de son plan d'organisation suivi, dans le meilleur des cas, d'un rétablissement. L'observation de l'architecture permet de faire le suivi de la réaction de l'arbre, de détecter le sens de progression des processus enclenchés ainsi que le suivi de leur vitesse de progression (chapitre 4).

- Parce qu'il peut y avoir un décalage plus ou moins important entre un événement perturbateur et son effet visible sur la santé de l'arbre. L'arbre peut avoir des repousses vigoureuses parce qu'il puise dans ses réserves accumulées dans son tronc et ses racines, sans qu'il soit pour autant assez vigoureux pour résister à d'autres chocs. L'observation de l'architecture de l'arbre permet de repérer la réaction de l'arbre et son sens de progression avant même que soient détectables les premiers signes de dépérissement (chapitre 5).

- Parce que l'arbre qui atteint une limite d'endurance face à son environnement finit par présenter des signes de dépérissement. Ce processus, qui mène progressivement à la mort de l'arbre, peut être confondu avec une réaction de l'arbre aux tailles. À l'inverse, la vigueur apparente des rejets produits par l'arbre peut laisser croire à son bon rétablissement tandis qu'il n'en est rien. Une lecture de l'architecture de l'arbre renseigne sur la vitesse de progression du dépérissement ou, à l'inverse, sur le rétablissement amorcé (chapitre 6).

- Parce que l'arbre dépérissant et l'arbre sénescent n'ont pas le même potentiel de rétablissement. L'architecture de l'arbre permet de faire la différence entre les deux. Le diagnostic de l'architecture permet de déterminer dans quel état l'arbre se trouve (chapitres 3 et 6).

L'architecture de l'arbre, c'est un peu comme son langage. L'agencement et la nature des organes qui le composent (c'est-à-dire son architecture) dépendent et témoignent de son mode de fonctionnement. Ce fonctionnement change au cours du cycle de développement de l'arbre en plus de changer en réponse aux conditions de l'environnement. Sur un même arbre, on peut observer les changements d'architecture qui ont eu cours pendant son développement sur plusieurs dizaines, voire plusieurs centaines d'années. L'arbre ne se caractérise pas seulement par une série de traits fixes mais bien, le plus souvent, par une série de traits qui changent de bas en haut, d'un étage de branches à l'autre en montant le long du tronc, et aussi de l'intérieur vers l'extérieur de l'arbre, le long de chaque branche en s'éloignant du tronc. Savoir lire ces changements donne accès à l'histoire de l'arbre et à une compréhension des processus dans lesquels il est engagé. Il est important et maintenant possible de reconnaître les caractères qui sont liés à la séquence de développement de l'arbre, donc qui sont codés génétiquement, de ceux qui sont liés à la réponse de l'arbre aux conditions de l'environnement. En départageant les deux formes de dynamique (séquence de développement et réponse à l'environnement) (chapitre 13 dans Millet, 2012), on est plus à même d'interpréter avec justesse le rapport de l'arbre avec son environnement. A-t-il suffisamment accès aux ressources de son milieu (soleil, eau, minéraux) pour se développer adéquatement ? Est-ce qu'un manque ou même au contraire un surplus d'accès aux ressources le portent à fourcher abondamment ? Est-ce qu'il réagit à un traumatisme tout en s'en remettant très bien ? Est-il apte à recevoir un autre choc, telle une taille ? Est-ce qu'il est en état de souffrance ?

L'arbre, par son architecture, raconte son histoire de vie : « Je suis rendu à telle étape de mon développement », « J'ai vécu dans des conditions difficiles qui ont retardé la construction de mon tronc, mais j'attends encore les bonnes conditions pour m'y remettre », « Plusieurs traumatismes ont provoqué chez moi un dépérissement dans lequel je suis encore engagé. Même si mes repousses semblent vigoureuses, les traitements actuels que je subis me font lentement cheminer vers la mort », « Bien que les conditions du milieu soient favorables à mon développement, je suis rendu en fin de vie », etc. Savoir lire l'architecture de l'arbre donne accès à sa logique de construction et à son plan d'organisation, lesquels influenceront sa façon de réagir à une éventuelle taille ou à une prochaine ouverture du paysage. Savoir lire l'architecture de l'arbre permet 1) de déterminer son stade de développement, 2) d'interpréter son rapport à l'environnement et 3) d'évaluer ses potentialités de croissance à venir.

Se priver de toutes les informations fournies par l'architecture de l'arbre, c'est accepter d'intervenir à l'aveugle et d'y aller « à peu près ». Quels que soient les buts visés par un plan d'aménagement (production, exploitation, conservation, sécurité, maintien de la biodiversité, etc.), la gestion de l'arbre et de la forêt est basée essentiellement sur un contrôle des conditions de l'environnement (tailles, éclaircies, etc.). La lecture de l'architecture des arbres aide à planifier les travaux d'aménagement et, par la suite, elle renseigne sur les impacts immédiats qu'ont eus les travaux. L'architecture des arbres étant en continuelle évolution, elle demeure le meilleur indicateur du taux de réussite d'une manœuvre ou, au contraire, des problèmes qui en découlent. L'architecture de l'arbre donne les premiers signes de réponse de l'arbre aux changements apportés au milieu. En conséquence, le diagnostic de l'architecture des arbres est recommandé non seulement pour aider au choix et à la planification des manœuvres, mais également pour un suivi des résultats obtenus.

Celui qui se prive de la lecture de l'architecture de l'arbre n'a que quelques paramètres à sa disposition pour tirer un minimum d'information : son taux de croissance, sa hauteur, son diamètre de tronc, la surface de recouvrement de son feuillage au sol. Ces quelques paramètres demeurent silencieux sur les processus de croissance et de développement en évolution. Aucune mesure ponctuelle de ces paramètres ne peut révéler l'état du développement d'un arbre. Deux arbres de même hauteur peuvent avoir atteint des stades de développement différents. Deux arbres de même diamètre de tronc peuvent être l'un en expansion et l'autre engagé dans une phase de régression. Même si plusieurs mesures ponctuelles sont prises au fil des ans, les processus de développement en cours peuvent demeurer difficiles à détecter. Par exemple, la perte de hauteur d'un arbre peut être due à un dépérissement, mais également à une désorganisation passagère après traumatisme chez un arbre pourtant vigoureux. À l'opposé, une très forte croissance en hauteur n'est pas garante de l'établissement efficace d'un tronc unique puisqu'elle peut être accompagnée d'une forte tendance de l'arbre à fourcher. Intervenir sans être éclairé sur le mode de fonctionnement de l'arbre mène à des résultats souvent insatisfaisants et coûteux, et pour l'arbre et pour l'intervenant. Le diagnostic de l'architecture de l'arbre est un moyen rapide de recueillir des informations utiles. Pour obtenir des productions moins coûteuses et plus performantes, pour un accès à de nouveaux types de productions demeurés jusque-là inaccessibles, pour une plus grande esthétique et une meilleure santé des arbres, pour assurer aux arbres des structures plus solides et augmenter leur durée de vie, etc., voilà autant de raisons qui justifient l'intérêt de savoir lire l'architecture d'un arbre.

PARTIE 2
LE DIAGNOSTIC
DE L'ARCHITECTURE DES ARBRES

Chapitre 8
Introduction au diagnostic

Pourquoi un diagnostic?

L e diagnostic n'est pas une méthode d'intervention. Il s'agit plutôt d'une méthode d'approche pour faire la lecture de l'architecture de l'arbre. À partir de cette lecture, la personne peut faire un choix éclairé, soit d'une méthode d'intervention pour répondre à un objectif d'aménagement, soit d'une méthode d'échantillonnage pour mener une recherche. Le diagnostic est utile à toute personne faisant un inventaire, un repérage ou un échantillonnage en vue d'une étude d'impact, de l'exécution d'un plan d'aménagement, de conservation, d'exploitation ou encore d'une étude scientifique. Il est utile aux techniciens, gestionnaires, professionnels et scientifiques concernés par l'arbre et la forêt, que ce soit l'arboriculteur, l'élagueur, l'ingénieur forestier, le botaniste, l'écologiste, le producteur de bois d'œuvre, de pâte et papier ou de fruits, l'acériculteur, le propriétaire terrien, etc. Enfin, le diagnostic est utile à toute personne désireuse d'en savoir plus sur l'histoire et l'état d'un arbre, ne serait-ce que pour s'assurer de sa bonne santé et mieux l'apprécier.

Pour celui qui connaît peu l'architecture et le mode de développement des arbres, le diagnostic est d'abord utile pour apprendre à voir, à connaître et à comprendre l'arbre. Le diagnostic sert à prendre connaissance sur le terrain de l'architecture d'un arbre. Il permet à celui qui le pratique de se faire l'œil avec les différents caractères architecturaux (par exemple l'orientation, la symétrie et la disposition relative des axes). Les reconnaître sur l'arbre permet de mieux saisir de quoi il est question lorsqu'on parle d'orthotropie, de hiérarchie, de réitération, etc. Le diagnostic donne une compréhension pratique à la lecture de Millet (2012). Ce livre dresse un portrait complet des connaissances acquises à ce jour sur l'architecture des arbres des régions tempérées. Il présente l'ensemble des concepts utiles en architecture des arbres ainsi que le vocabulaire spécialisé qui en permet un usage pratique. Faire un diagnostic est la meilleure façon de confronter ce qu'on a compris avec ce qu'on observe et d'ouvrir encore plus son regard sur la réalité de ce qu'est un arbre. Le diagnostic de l'architecture révèle à l'observateur le mouvement de progression dans le développement de l'arbre (ses propriétés étant changeantes en cours de maturation), un mouvement lent resté figé dans la structure rigide et persistante de l'arbre. En somme, le diagnostic révèle la nature dynamique du développement de l'arbre, un élément essentiel pour comprendre son rapport à l'environnement.

Une fois les éléments de base maîtrisés et les traits particuliers des espèces d'arbres révisés, le diagnostic sert à déterminer rapidement la qualité du développement d'un ou de plusieurs arbres. D'un seul coup d'œil porté sur l'arbre, l'observateur peut prendre connaissance d'une somme importante d'informations qui lui évitera d'avoir recours à de longues et coûteuses prises de mesures. Pourquoi un diagnostic? Parce que c'est rapide, efficace et informateur de données originales non accessibles autrement.

Quelle est la clé d'un bon diagnostic?

La clé pour faire un bon diagnostic de l'architecture de l'arbre est de savoir faire la distinction entre un *système ramifié hiérarchisé* (ou unité hiérarchisée) et un *système de fourches* (chapitres 1 et 2). Le nombre de catégories d'axe incluses dans la composition des unités hiérarchisées est indicateur du stade de développement atteint par l'arbre. Selon l'espèce et le stade de développement de l'arbre, les fourches témoignent ou non des réactions de l'arbre à l'environnement.

Photo 3.1 – Structure hiérarchisée chez l'épinette blanche (*Picea glauca*).

Photo 4.1 – Abondance de rejets sur un érable argenté situé sous des fils électriques et en bordure de rue en milieu urbain.

Photo 4.2 – Difficulté de rétablissement après taille. Les multiples éléments de la fourche du tronc de ce tilleul à petites feuilles viennent du maintien à long terme des nombreux rejets produits en période de désorganisation de la structure de l'arbre.

Photo 5.1 – Entretien de la repousse au mauvais endroit (pointillé). Exemple d'un arbre, un frêne rouge, dont la taille à bas âge sous les fils électriques a stimulé une repousse et une accumulation de réserves dans le tronc. Bien que des années plus tard, l'arbre ait atteint une maturité lui permettant d'avoir des portions de tronc dénudées (→), il continue à produire des rejets indésirables sous les fils. Une dépendance de l'arbre aux tailles a été provoquée par des interventions mal choisies.

Photo 9.1 – Exemples de structure de soutien (A1). **a.** Tronc droit chez un jeune frêne d'Amérique. **b.** Tronc dévié à la rencontre d'embranchements (résultat d'une montée inclinée chez le nerprun cathartique (*Rhamnus catharticus*). **c.** Système de fourches chez le sumac vinaigrier (*Rhus typhina*).

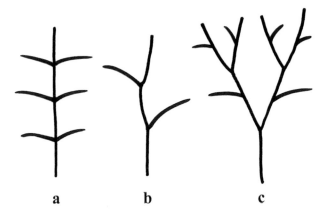

Figure 9.6 – Tracé des branches (A2, en bleu) à même la structure de soutien (A1, en noir). **a.** Les branches sont disposées régulièrement le long du tronc. **b.** Les branches les plus fortes sont insérées sur les points de déviation du tronc. **c.** Des branches sont portées par les éléments de fourche.

Figure 9.7 – Tracé en rouge des repousses (rejet, gourmand, équivalents à des A1) apparues en différé. Trait noir : structure de soutien (A1). Trait bleu : branche (A2).

Figure 9.8 – Tracé de cônes (∧) au-dessus des cimettes (en noir) et des réitérats totaux (en rouge), lorsque c'est approprié. Trait bleu: branche (A2).

Figure 9.9 – Tracé d'une échelle de mesure sur le croquis.

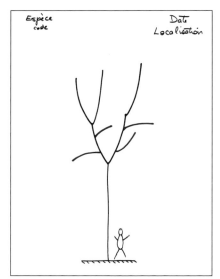

Figure 9.10 – Résultat du tracé de croquis en 5 étapes. Trait noir : structure de soutien de l'arbre (A1), Trait bleu : branche (A2), Trait rouge : gourmand ou rejet (réitérat total différé, une réplique de A1).

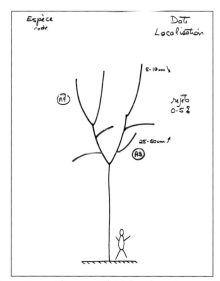

Figure 9.11 – Ajout d'informations (étapes 6 à 9) à même le croquis obtenu en 5 étapes. Trait noir : structure de soutien de l'arbre (A1), Trait bleu: branche (A2), Trait rouge : gourmand ou rejet (réitérat total différé, une réplique de A1). 5-10 cm : longueur estimée de la dernière unité de croissance de l'axe, ↓: la longueur des unités de croissance de l'axe diminue d'année en année, ↑: la longueur des unités de croissance de l'axe augmente d'année en année, An: catégorie d'axe maximale atteinte, rejets 0-5%: estimation du pourcentage du volume de la cime sous la forme de rejets.

Exemple 1

Photo   Croquis final

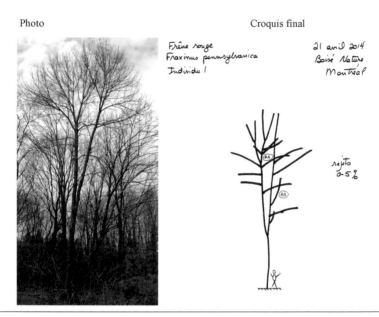

Frêne rouge   21 avril 2014
Fraxinus pennsylvanica   Boisé Nature
Individu 1   Montréal

(A4)

(A3)

rejets
0-5%

Exemple 2

                                         Croquis final

Photo

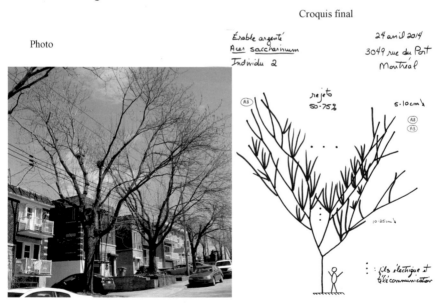

Érable argenté   24 avril 2014
Acer saccharinum   3049 rue du Port
Individu 2   Montréal

(A3)   rejets
                    50-75%   5-10 cm

                                            (A3)
                                            (A3)

· · ·

                                   10-25 cm

·   · : fils électrique et
·   télécommunication

Annexe 3 – Trait noir : structure de soutien de l'arbre (A1), trait bleu : branche (A2), trait rouge :
gourmand ou rejet (une réplique de A1).

Pourquoi un tracé de croquis?

Le diagnostic de l'architecture d'un arbre passe par le tracé d'un croquis. Nul besoin de faire un beau dessin. Nul besoin de le montrer à son voisin. Le dessin est avant tout utile pendant son exécution. Il s'agit d'un outil d'observation. Il permet de mieux voir, plus rapidement, un ensemble de caractères chez l'arbre et de prendre connaissance de l'état de son développement. Le dessin, sous la forme de croquis, tel que proposé dans les pages qui suivent, ne prend que quelques minutes d'exécution et évite de longues prises de données et le recours à des méthodes d'analyse complexes. Le croquis ne vise pas à tirer un portrait détaillé de l'arbre, seulement à en donner les grandes lignes pour comprendre la base de son développement. Le croquis force le regard et pousse l'observation plus loin que ce qui est obtenu d'un seul regard. Il donne un accès rapide à des informations pertinentes. Le diagnostic avec tracé de croquis précède la prise de mesures fines pour ceux qui en ont besoin.

Est-ce que j'ai besoin de savoir dessiner?

Non, le dessin est utilisé ici comme outil d'observation. Il fait son travail même chez ceux qui n'ont pas un talent de dessinateur. Il ne s'agit pas de faire un dessin de détail. On ne cherche pas à rendre compte des textures, des couleurs ni même du diamètre des axes. Il s'agit en quelque sorte de tracer un schéma et de s'en servir comme support technique à une série d'observations listées ci-après. L'attention de l'observateur doit surtout porter sur la disposition relative des axes, cherchant à déterminer quels sont les axes les plus dominants et quelle est la position relative des uns par rapport aux autres. Il s'attarde aussi à faire un tracé des axes qui tient compte de leur mode de construction, à savoir s'ils sont faits d'un seul trait ou entrecoupés d'anciennes morts d'apex et de déviations.

Devant l'arbre, il est important de se positionner de manière à observer l'angle réel d'insertion des branches sur le tronc. On peut avoir à se déplacer autour de l'arbre pour s'assurer de bien voir. On évitera de dessiner les branches qui viennent vers soi et les branches qui s'étendent vers l'arrière de l'arbre de manière à éviter la surcharge du croquis avec des axes dont l'angle d'insertion serait mal rendu. Pour pouvoir passer d'une observation en trois dimensions à un tracé de croquis en deux dimensions, il faut nécessairement faire un choix des axes reproduits. On veillera donc à se positionner par rapport à l'arbre de manière à voir le mieux possible son architecture avec des angles réels et s'en tenir à reproduire les quelques axes les plus importants pris sous cet angle. Le tracé de croquis force le regard de l'observateur, dans le sens que celui-ci, tout en suivant chaque axe du regard, est amené à observer des éléments qui auraient pu échapper à son attention autrement. Le croquis représente en quelque sorte une collecte de données. Il rassemble dans une synthèse graphique les informations récoltées.

À quel moment faire le diagnostic ?

Il peut être fait à tout moment, que ce soit en été alors que l'arbre est chargé de feuilles ou pendant une saison qui permette de le voir sans ses feuilles. Lorsque l'arbre est garni de ses feuilles, l'exercice demande de bouger un peu plus autour de lui pour voir le détail de sa structure. La saison chaude offre néanmoins de nombreux avantages dont tout le confort nécessaire pour être longtemps dehors et faire de multiples reconnaissances et inventaires. Il n'y a pas lieu de s'empêcher de faire des diagnostics à cause de la présence du feuillage. Au contraire, sa présence aide à distinguer les axes morts des axes vivants et à repérer les signes de progression des dépérissements. De plus, la disposition des feuilles à l'extrémité des axes chez les espèces au feuillage caduc aide de façon efficace à évaluer la longueur des pousses annuelles. La grande majorité des analyses architecturales ont été faites en été bien que ces analyses demandent une plus grande précision d'observation encore que le diagnostic. L'été offre plus de facilité d'accès au pied des arbres et un confort pour dessiner en raison de la chaleur ambiante.

Pour ceux qui en ont la possibilité, le printemps et l'automne sont favorables à l'observation d'arbres défeuillés sans que le froid soit encore trop limitant. La période est courte, d'où l'importance d'avoir préalablement repéré les arbres à étudier. On peut également pratiquer le diagnostic en hiver, mais cela demande un minimum d'équipement pour se tenir au chaud (abri portatif). Le travail en saison froide demande plus de manipulation de matériel, surtout lorsqu'il y a de la neige au sol, et limite par le fait même le nombre d'heures réellement investies dans le tracé des croquis. Aussi, il est préférable de choisir les jours les moins froids et les moins venteux afin de s'assurer un minimum de confort des doigts sur le crayon.

Chapitre 9
Les étapes d'exécution du diagnostic

Préparation matérielle

Prévoir une tablette rigide munie d'une pince (*pad*), des feuilles de papier blanc, un crayon à mine de type HB et une gomme à effacer. On peut également prévoir, pour une meilleure illustration, des crayons de couleur noir, bleu et rouge[57]. Voilà tout. Ce simple matériel suffit pour une première reconnaissance de l'arbre avec tracé de croquis (étapes 1 à 5). Pour une deuxième série d'observations complémentaires (étapes 6 à 9), qui demande une vision à distance du détail des axes, il est utile de se prémunir de jumelles.

Tracé du croquis

Étape 1 : Identification de l'arbre, date et position

Choisir l'arbre dont on veut déterminer l'architecture. Noter les coordonnées de l'arbre. Inscrire dans le coin supérieur gauche d'une feuille le nom de l'espèce et le code de l'arbre. Inscrire dans le coin supérieur droit de la feuille la date et l'endroit (municipalité, chemin le plus près, adresse ou toute autre coordonnée d'emplacement).

Étape 2 : Tracé de la structure de soutien

Se placer devant l'arbre, à une distance suffisante pour en avoir une vue d'ensemble (figure 9.1). Choisir l'angle de vue qui permet de

---

57. Ce truc bien commode a été proposé par Yves Caraglio lors d'un stage de formation en architecture des arbres, en 2011 à Montpellier, France.

voir le mieux possible les principaux éléments qui composent l'arbre, de suivre le cours de son tronc et d'observer l'angle d'attachement de ses branches. La première chose à faire est de plisser un peu les yeux afin de regarder l'arbre avec un flou.

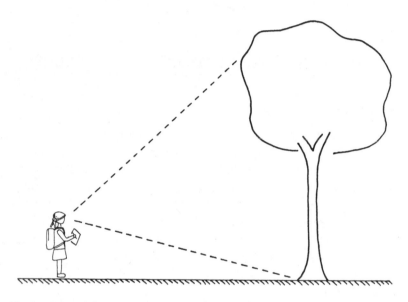

Figure 9.1 – L'observateur se positionne de manière à avoir une vue d'ensemble de l'arbre.

Suivre du regard le tracé du tronc depuis sa base en remontant vers la cime et déterminer le trajet du tronc. Quel est le chemin parcouru par l'axe le plus gros et le plus dressé? Son diamètre étant plus gros, il apparaît plus foncé dans l'image floue qu'on observe (ou plus pâle si l'écorce est blanche). Suivre ainsi le tronc tout en regardant si son trajet est bien droit (figure 9.2a), si son trajet est dévié à la rencontre d'embranchements (figure 9.2b) ou encore s'il donne naissance à une fourche et qu'il n'est plus possible de reconnaître si un élément de la fourche est plus dominant (plus fort, plus gros, plus long et plus dressé) que l'autre (figure 9.2c).

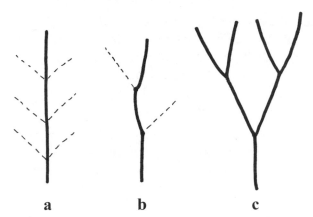

Figure 9.2 – Observation de la structure de soutien de l'arbre (en noir). Quelques branches apparaissent en pointillés. **a.** Tronc droit. **b.** Tronc au parcours dévié à la rencontre d'embranchements. **c.** Tronc court donnant naissance à un système de fourches.

Dessiner en noir sur la feuille le tronc et ses prolongations (figure 9.3). Il s'agit de la structure de soutien de l'arbre. Faire un croquis simple (un trait) assez grand pour que l'arbre, une fois dessiné, soit d'une pleine grandeur sur la feuille.

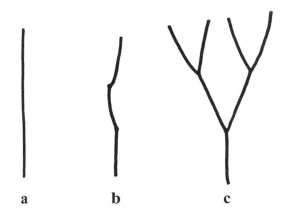

Figure 9.3 – Tracé de la structure de soutien (en noir). **a.** Tronc droit. **b.** Tronc dévié par d'anciens redressements. **c.** Tronc donnant naissance à un système de fourches.

Dans les cas (a) et (b), l'observation (figure 9.2) et le tracé du dessin (figure 9.3) confirment que le tronc de l'arbre est unique et dominant sur les branches tandis que dans le cas (c), le tronc est unique au début seulement, puis il fourche. Si d'autres fourches se forment encore plus haut, on peut dire que le tronc donne naissance à un «système de fourches».

L'axe le plus dominant de l'arbre, le tronc, est désigné axe 1 et symbolisé A1 sur le schéma explicatif de la figure 9.4. L'axe 1 en (a) est droit et unique. En (b), il est dévié dans son trajet mais toujours unique. En (c), il se divise en plusieurs axes égaux à chaque fourche. Chaque élément de fourche du tronc est désigné A1. Dans l'exemple illustré (figure 9.4c), le tronc (A1) se divise en deux A1 et plus haut encore, chaque A1 en donne deux autres. Au total, on se retrouve dans le haut de l'arbre avec quatre A1. Bien sûr, dans le haut, ils n'ont pas le diamètre ni la désignation de tronc. Le tronc a pris fin au contact de la première fourche. Chez cet arbre, le tronc est court. Le tracé de la fourche est néanmoins fait en noir dans la suite du tronc, jusqu'à l'obtention de quatre A1. Cela permet de noter qu'à partir d'une certaine hauteur, il n'y a plus un axe dominant unique mais qu'un système de fourches s'est mis en place. Le tronc fourche et chacun de ses éléments se comporte comme un tronc (sans en être un) partageant sa place avec un ou plusieurs autres éléments. Les éléments d'une même fourche sont tout autant dominants les uns que les autres. Ils forment à eux tous la structure de soutien de l'arbre.

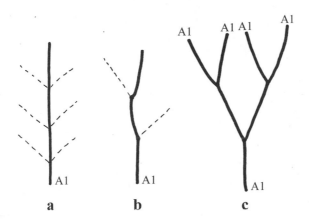

Figure 9.4 – Schéma explicatif – Identification de la structure de soutien de l'arbre (A1). Quelques branches apparaissent en pointillés. **a.** Tronc droit. **b.** Tronc au parcours dévié à la rencontre d'embranchements. **c.** Tronc court donnant naissance à un système de fourches.

La photo 9.1 donne trois exemples de structures de soutien correspondant aux tracés des figures 9.2 à 9.4, a, b et c, c'est-à-dire un tronc droit (photo 9.1a), un tronc dévié à la rencontre d'embranchements (photo 9.1b) et un système de fourches (photo 9.1c). Ces trois exemples ont été pris chez un jeune arbre, un arbrisseau et un petit arbre de manière à illustrer le plus clairement possible les trois architectures. Sur les grands arbres, les axes longs et leur ramification abondante rendent plus difficile la reconnaissance des caractères dans une vue d'ensemble sur photo, d'où l'intérêt des croquis.

Photo 9.1 – Exemples de structure de soutien (A1). **a.** Tronc droit chez un jeune frêne d'Amérique. **b.** Tronc dévié à la rencontre d'embranchements (résultat d'une montée inclinée) chez le nerprun cathartique (*Rhamnus catharticus*). **c.** Système de fourches chez le sumac vinaigrier (*Rhus typhina*).

Étape 3 : Tracé des branches

Une fois le tronc (A1) et ses prolongations (fourches de A1) identifiés, on cherche à déterminer s'ils sont ramifiés et si oui, quelle est la disposition de leurs branches (A2).

Précision :

Nous insistons ici sur l'appellation de « branche » que nous réservons uniquement aux axes latéraux produits par le tronc ou, de façon plus générale, par un axe 1 (A1). Dans les schémas (a) et (b) des figures 9.2 et 9.4, les branches apparaissent en pointillés. Dans le schéma (c), aucune branche n'a été dessinée. Bien que dans le langage populaire, les éléments de fourche d'un arbre sont habituellement appelés « branches », nous insistons ici pour ne pas le faire. Cela porterait vite à confusion. Il ne serait plus possible de savoir de quoi on parle. Un élément de fourche n'est pas l'équivalent d'une branche sur un tronc unique. Il importe donc de le reconnaître au niveau du langage. Cela aidera à faire la lumière sur ce que l'on voit. Ainsi, les éléments de la fourche du tronc et des fourches suivantes seront simplement désignés « A1 »[58]. À la limite, le terme « branche maîtresse » peut être utilisé, appellation réservée aux éléments de fourche attachés directement au tronc.

La branche est un axe d'ordre 2 (A2). Ainsi, la branche (A2) est un axe dominé, produit et porté par le tronc (A1). Le diamètre de la branche est plus petit que celui du tronc. De même, sa longueur est moindre que celle du tronc. Les branches se disposent de façon plus ou moins régulière le long du tronc.

Remarquer que toutes les branches n'ont pas la même longueur ni le même diamètre. Repérer les branches les plus fortes insérées dans le haut des unités de croissance de l'axe 1, c'est-à-dire les portions de tige produites en une année[59] (figure 2.2). Sur le schéma explicatif

---

58. Ou réitérats totaux.

59. Le plus souvent, il n'y a qu'une unité de croissance produite par année, chaque unité étant délimitée par les cicatrices rapprochées d'écailles des anciens bourgeons. Dans ce cas, la pousse annuelle ne compte qu'une seule unité de croissance. Il arrive néanmoins que plusieurs unités de croissance soient produites pendant une même saison (par exemple chez le chêne) et qu'elles soient entrecoupées de cicatrices qui témoignent de la période de repos que le méristème a connu au cours de l'été. Dans ce dernier cas, la pousse annuelle compte plusieurs unités de croissance. La pousse annuelle est dite polycyclique ou, plus précisément, bicyclique ou tricyclique selon qu'elle compte deux ou trois unités de croissance.

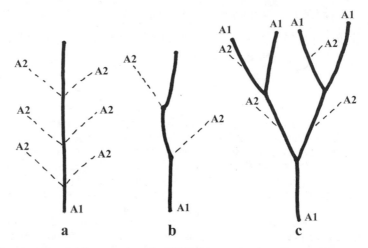

Figure 9.5 – Schéma explicatif – Identification des branches (A2) en pointillés à même la structure de soutien (A1) en noir. **a.** Les branches sont disposées régulièrement le long du tronc. **b.** Les branches les plus fortes sont insérées sur les points de déviation du tronc. **c.** Des branches sont portées par les éléments de fourche.

(figure 9.5), les branches sont désignées A2. Elles témoignent du plus grand potentiel de ramification atteint par le tronc.

Dessiner en bleu sur votre croquis des traits représentant les principales branches de l'arbre (les plus visibles, les plus fortes), mettant ainsi en évidence leur disposition le long du tronc et le long des éléments de fourche de la cime (figure 9.6 – voir le résultat avec de la couleur dans l'encart couleur, sur la figure 9.6 en noir et blanc, le bleu apparaît en gris foncé).

Les branches (A2, en bleu ou gris foncé) retenues et dessinées peuvent être plus ou moins longues, plus ou moins inclinées et plus ou moins ramifiées. Seul un trait les représente sur la feuille, en veillant à respecter leur angle réel d'insertion sur le tronc (non déformé par l'angle d'observation) et leur rapport de longueur avec le tronc de l'arbre. À ce stade-ci de l'exercice, on a surtout porté notre attention sur les plus grandes branches et sur la régularité de leur disposition. Ne pas tenir compte pour le moment des plus

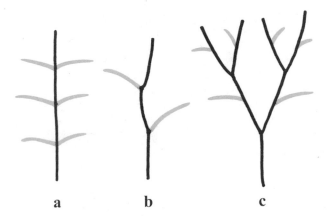

a   b   c

Figure 9.6 – Tracé des branches (A2, gris foncé) à même la structure de soutien (A1, en noir). **a.** Les branches sont disposées régulièrement le long du tronc. **b.** Les branches les plus fortes sont insérées sur les points de déviation du tronc. **c.** Des branches sont portées par les éléments de fourche (voir la version couleur du croquis dans l'encart couleur).

petits axes latéraux permet de ne pas surcharger le dessin. Leur observation pourra être complétée plus tard, au besoin.

Étape 4 : Tracé des rejets

S'il y en a, dessiner en rouge, d'un seul trait, les repousses verticales[60] apparues plus ou moins récemment sur les vieux axes (figure 9.7 – voir le résultat avec de la couleur dans l'encart couleur, sur la figure 9.7 en noir et blanc, le rouge apparaît en gris pâle). Ces repousses peuvent être ramifiées ou non, donnant parfois l'impression que l'arbre d'origine est colonisé par des «mini-arbres». Ces axes dressés sont appelés couramment gourmands ou rejets. Leur différence de diamètre, de couleur d'écorce et d'orientation avec l'axe qui les porte aide à les repérer et à comprendre qu'ils ont poussé en décalage par rapport au reste de la cime.

---

60. Gourmands ou rejets, ce sont des réitérats totaux à développement différé, des répliques de A1.

Figure 9.7 – Tracé en gris pâle des repousses (rejet, gourmand, équivalents à des A1) apparues en différé. Trait noir : structure de soutien (A1). Trait gris foncé : branche (A2) (voir la version couleur du croquis dans l'encart couleur).

Figure 9.8 – Tracé de cônes (∧) au-dessus des cimettes (en noir) et des réitérats totaux (gris pâle), lorsque c'est approprié. Trait gris foncé : branche (A2) (voir la version couleur du croquis dans l'encart couleur).

Figure 9.9 – Tracé d'une échelle de mesure sur le croquis.

Étape 5 : Contours et échelle de mesure

Si cela s'avère utile, on peut tracer une ligne en forme de cône ouvert vers le bas (∧) au-dessus des A1 (rejets et cime d'origine) (figure 9.8) de manière à signifier, lorsque c'est le cas, que les aires d'occupation de l'espace de ces ensembles se distinguent clairement les unes des autres, ce qui a d'ailleurs facilité leur reconnaissance.

Cette première reconnaissance de l'arbre avec tracé de croquis (étapes 1 à 5, la figure 9.10 donne un exemple du résultat total obtenu) permet d'avoir une bonne idée de sa structure d'ensemble, à savoir si l'arbre est fourché ou non, si certaines de ses parties sont hiérarchisées (axe principal A1 en noir avec branches dominées A2 en bleu ou gris foncé) et si l'arbre a réagi à un événement passé en produisant de nouveaux axes (des rejets en rouge ou gris pâle) à partir d'axes plus anciens.

Connaissant l'espèce qu'on observe, on peut déjà se référer à la description de son architecture (Millet, 2012) et repérer les caractères les plus révélateurs de son stade de développement.

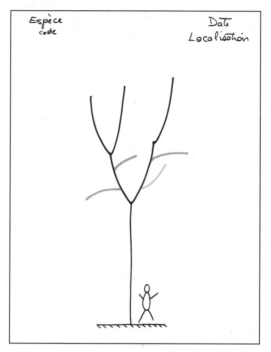

Figure 9.10 – Résultat du tracé de croquis en 5 étapes. Trait noir : structure de soutien de l'arbre (A1), Trait gris foncé : branche (A2), Trait gris pâle : gourmand ou rejet (réitérat total différé, une réplique de A1) (voir la version couleur du croquis dans l'encart couleur).

Aussitôt des questions surgissent : « Quel est le nombre de catégories d'axe produites ? », « Est-ce que l'arbre est toujours engagé dans une phase d'expansion ? », « Est-ce qu'il sait se remettre des traumatismes ou des tailles qu'il a subis ? ». Il est fortement suggéré d'inscrire à même le croquis (figure 9.11) toute nouvelle information tirée de l'observation (étapes 6 à 9), au fur et à mesure qu'on trouve réponse aux questions énoncées.

Ajout d'informations à même le croquis (un exemple de résultat obtenu au terme des 9 étapes est illustré à la figure 9.11)

126

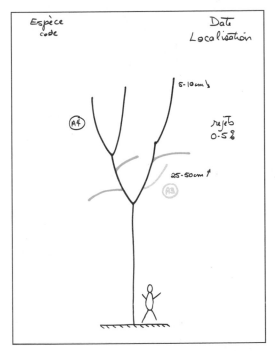

Figure 9.11 – Ajout d'informations (étapes 6 à 9) à même le croquis obtenu en 5 étapes. Trait noir: structure de soutien de l'arbre (A1), Trait gris foncé: branche (A2), Trait gris pâle: gourmand ou rejet (réitérat total différé, une réplique de A1). 5-10 cm: longueur estimée de la dernière unité de croissance de l'axe, ↓: la longueur des unités de croissance de l'axe diminue d'année en année, ↑: la longueur des unités de croissance de l'axe augmente d'année en année, An: catégorie d'axe maximale atteinte, rejets 0-5%: estimation du pourcentage du volume de la cime sous la forme de rejets (voir la version couleur du croquis dans l'encart couleur).

Étape 6: Nombre de catégories d'axe

Déterminer le nombre de catégories d'axe de l'arbre ou à l'échelle de chaque unité hiérarchisée (éléments de fourche ou rejets). Inscrire vis-à-vis de quelques unités hiérarchisées, la catégorie ultime atteinte (par exemple A3 ou A4). En cas de difficulté, lire la section «*Difficulté d'évaluation du nombre de catégories d'axe*» à la fin du chapitre.

Étape 7 : Longueur des unités de croissance

Repérer dans l'arbre l'endroit où la croissance est la plus forte et vérifier s'il y a un mouvement de transfert de dominance en cours. Cela demande de repérer le long des axes les cicatrices d'écailles laissées par les anciens bourgeons terminaux. Sur le croquis, surtout chez les jeunes sujets, on peut tracer deux petites lignes en travers du tronc et des branches (comme sur la figure 2.6) pour signifier l'emplacement des limites de quelques unités de croissance. Faire l'observation de la longueur des unités de croissance tout en se posant la question : «Est-ce que la longueur des unités de croissance diminue (↓) d'année en année à un niveau tandis qu'elle augmente (↑) à un autre endroit dans l'arbre?» S'il y a lieu, on peut noter à même le croquis les 2 tendances les plus fortes qui témoignent du transfert en cours, c'est-à-dire les deux extrêmes remarqués, en indiquant la longueur de la dernière unité de croissance suivie d'une flèche qui donne le sens de progression (par exemple 5-10 cm↓ dans le haut de l'arbre et 25-50 cm↑ au niveau d'un rejet, voir figure 9.11) (classes de longueur : 0-5 cm, 5-10 cm, 10-25 cm, 25-50 cm, 50 cm-1 m, 1-2 m, 2 m et +).

Étape 8 : Étude des rejets

Vérifier s'il y a une progression dans l'apparition et dans la dominance des rejets. Est-ce que les derniers rejets produits, comparés aux autres, apparaissent plus près du tronc le long des branches et plus bas sur le tronc, signe de dépérissement? Est-ce que certains rejets sont en train de devenir plus forts (plus longs et plus ramifiés) que les autres, signe de rétablissement? Noter le pourcentage de cime sous la forme de rejets (0-5%, 5-25%, 25-50%, 50-75%, 75-95% ou 95-100%) (évalué à 0-5% sur l'arbre de la figure 9.11).

Étape 9 : Mortalité dans le haut de la cime

Remarquer s'il y a de la mortalité à l'extrémité des axes en périphérie de la cime. Si oui, est-ce qu'elle touche une succession de fourches courtes (signe de sénescence) ou de grandes unités hiérarchisées composées de plusieurs catégories d'axe (signe de dépérissement)? (Ce n'est pas le cas dans l'exemple illustré à la figure 9.11.)

Les observations complémentaires (étapes 6 à 9) au tracé du croquis (étapes 1 à 5) complètent le diagnostic de l'architecture de l'arbre. Des exemples de diagnostic avec tracé de croquis sont donnés en annexe 3. Le diagnostic de l'architecture de l'arbre permet d'évaluer l'état de son développement.

Évaluation de l'état du développement de l'arbre

Le stade de développement (relire au besoin le chapitre 3)

Sans même connaître avec précision la séquence de développement caractéristique de l'espèce, il est possible d'avoir une bonne idée de l'état de maturité de l'arbre à partir du diagnostic en 9 étapes qui vient d'être pratiqué. L'observation faite à l'étape 6 est le principal indice du stade de développement atteint par l'arbre.

Chez le tout jeune arbre (de la plantule au jeune arbre), plus son unité hiérarchisée est ramifiée d'un grand nombre de catégories d'axe, plus il est avancé dans sa séquence de développement et près d'atteindre la maturité sexuelle. À l'inverse dans la cime fourchée d'un arbre adulte, plus les unités hiérarchisées sont petites et peu ramifiées latéralement (donnant à terme une suite de petites fourches courtes), plus l'arbre est avancé dans sa séquence de développement. L'observation en périphérie de la cime de l'arbre d'une succession de fourches courtes (unités hiérarchisées à une seule catégorie d'axe) annonce la fin de vie de l'arbre, laquelle peut s'étaler sur des années, voire des dizaines d'années.

Chez les arbres dont le tronc reste unique toute leur vie, l'état d'avancement en maturité de l'arbre demande un examen plus délicat des branches. Plus le nombre de catégories d'axe des branches diminue chez l'arbre adulte, plus ce dernier est avancé en maturité. Il arrive qu'à terme le tronc se termine par une succession de petites fourches courtes, ou même que l'extrémité du tronc s'incline, ce qui confirme l'état de maturité avancé de l'arbre.

Sur les petits sujets fortement exposés au stress, il arrive que la cime soit composée d'une suite de fourches courtes supportant des fleurs. De tels arbres connaissent un vieillissement prématuré. Cela représente un cul-de-sac morphogénétique pour la plante qui va prématurément en mourir, ne pouvant pas rétablir une structure jeune à partir de l'extrémité de ses axes. Des étapes de son développement ont été court-circuitées, c'est-à-dire qu'elles n'ont pas été exprimées pendant la séquence de développement de l'arbre, celui-ci étant passé très vite de jeune à vieux, d'où l'expression «jeune vieux».

Pour plus de précision dans l'évaluation du stade de développement, il est nécessaire de se référer aux résultats des analyses architecturales (chapitre 13 de Millet, 2012), donnant les traits architecturaux propres à chaque espèce. Selon l'espèce, le nombre maximum de catégories d'axe atteint par le jeune arbre sera différent (voir annexe 1), de même que les traits particuliers de sa ramification et sa manière de fourcher. Par comparaison avec la séquence de développement caractéristique de l'espèce, on peut déterminer le stade de développement atteint. À partir de là, il est possible de savoir pour chaque arbre observé si l'expansion de son unité hiérarchisée est encore en cours ou si, au contraire, sa contraction a commencé.

L'état de réaction (relire au besoin le chapitre 4)

Les observations faites à l'étape 8 permettent de juger si l'arbre est dans un état de réaction et, lorsque c'est le cas, d'évaluer le sens de sa progression (présence de rejets, position des rejets, proportion de la cime sous forme de rejets, uniformité dans le développement des rejets).

La quantité de rejets dans l'arbre témoigne de l'intensité de la réaction de l'arbre à un facteur de perturbation comme la taille. Plus le nombre de rejets est grand et, conséquemment, plus le pourcentage de la cime sous la forme de rejets est grand, plus l'arbre est dans un état de réaction prononcé. Cette forte réaction vient d'une désorganisation de son fonctionnement.

Plusieurs épisodes de réaction peuvent être détectés dans la cime d'un même arbre. L'évaluation de l'âge et des dimensions des rejets peut révéler deux cohortes ou plus qui témoignent d'autant d'événements séparés dans le temps et qui ont stimulé chez l'arbre une forte réaction. L'examen de la position dans l'arbre de ces différents rejets permet d'évaluer si l'arbre progresse dans un dépérissement ou s'il connaît un rétablissement.

Le dépérissement (relire au besoin le chapitre 6)

Les observations faites aux étapes 7, 8 et 9 permettent de juger si l'arbre est en dépérissement et d'en détecter les signes de progression. Le premier indice de dépérissement est la mortalité d'unités hiérarchisées encore jeunes[61] dans le haut et en périphérie de la cime, accompagnée de la présence de rejets plus bas. Chez les arbres qui ont été taillés et sur lesquels on ne peut pas vérifier l'état de maturité des unités en périphérie et leur mortalité, la progression dans la position des nouveaux rejets est un moyen de détecter le dépérissement. La présence dans l'arbre de rejets plus jeunes (plus récemment produits) situés plus près du tronc le long des branches et plus bas sur le tronc que les rejets plus vieux, est le signe d'une baisse de potentiel de reprise chez l'arbre. Il est dépérissant.

Si tous les rejets ont à peu près le même âge (déterminé par le nombre d'unités de croissance) quelle que soit leur position dans l'arbre, une autre façon de détecter un dépérissement est de comparer leur taux de croissance. Si les rejets du haut de l'arbre ont un taux de croissance qui diminue d'année en année tandis que les rejets du bas ont un taux de croissance qui augmente d'année en année, il y a indication d'une baisse de l'effort de pousse dans l'arbre. Il est dépérissant.

---

61. Des unités hiérarchisées (ou unités architecturales) qui n'ont pas atteint le stade d'unité minimale.

Il ne faut donc pas se fier aux dimensions des rejets mais bien porter attention à l'évolution de leur taux de croissance de manière à détecter dans quel sens l'effort de croissance de l'arbre s'oriente. Plus il se fait près du tronc et de plus en plus bas sur le tronc, plus la vigueur de l'arbre diminue en accord avec un état de dépérissement qui progresse. Mais attention, la seule présence de rejets à la base du tronc d'un arbre ne doit pas être interprétée comme un signe de dépérissement. Certains arbres comme le tilleul d'Amérique et l'érable argenté peuvent effectivement en produire abondamment tandis que leur cime est encore en pleine expansion. C'est bien la mortalité à l'apex de la cime de l'arbre et la diminution progressive de la hauteur de son effort de pousse (dans une suite de rejets qui apparaissent de plus en plus bas le long du tronc ou dans une comparaison du taux de croissance des rejets) qui permettent de diagnostiquer son dépérissement.

Le rétablissement (relire au besoin le chapitre 4)

Les observations faites aux étapes 7 et 8 permettent de détecter les signes de rétablissement: a) un ou quelques rejets deviennent dominants sur les autres; leur taux de croissance augmente, ils sont plus fortement dressés, ils se ramifient plus, tandis que les rejets déclassés perdent en taux de croissance, se développent peu, éventuellement dépérissent et meurent; b) absence de production de nouveaux rejets plus près du tronc et plus bas; c) la cime de l'arbre est reconstruite, seul un œil averti peut repérer la différence d'âge entre certaines parties hautes de la cime et sa partie basse, la différence d'âge étant reliée à l'origine différée de certaines parties (résultat du développement de rejets anciens).

Que ce soit à la suite d'une réaction à un traumatisme ou à un dépérissement, le rétablissement de l'arbre se détecte par une augmentation progressive de la dominance d'un ou de plusieurs rejets sur les autres. Il pousse plus vite et il se ramifie plus que les autres dans une tentative de remplacer la cime endommagée ou moribonde. Un suivi sur plusieurs années permet de vérifier si l'arbre continue de se rétablir et prolonge ainsi de façon significative sa durée de vie.

Échantillonnage à grande échelle

Le croquis d'un arbre a été proposé comme support à une évaluation rapide de l'état de son développement. Pour les échantillonnages à grande échelle, c'est-à-dire qui impliquent une grande quantité d'arbres, des diagnostics rapides peuvent être faits à l'aide d'observations ponctuelles notées dans des tableaux sous la forme de chiffres et de codes. En vue d'un traitement éventuel des données, l'évaluation de la longueur des unités de croissance peut se faire en référence à des classes de longueur (0-5 cm, 5-10 cm, 10-25 cm, 25-50 cm, 50 cm-1 m, 1-2 m, 2 m et +), la quantité de rejets dans la cime peut être évaluée en termes de pourcentage de cime (0-5 %, 5-25 %, 25-50 %, 50-75 %, 75-95 %, 95-100 %) et la position des rejets dans l'arbre notée (extrémité périphérique de l'arbre, au centre, dans le bas). Quelques exemples de tableaux ayant servi lors de relevés faits sur des arbres le long des rues et de rangs en plantation sont proposés en annexes 4 et 5. Le lecteur est invité à créer ses propres grilles d'observation de manière à répondre encore plus précisément à ses besoins.

Bien que les grilles soient efficaces pour une collecte de données d'observation en vue de projets de recherche ou d'inventaire, il est fortement recommandé de tracer au préalable quelques croquis d'arbre. Le croquis permet de se faire l'œil, de s'assurer qu'on a bien maîtrisé les processus de développement en cause et d'évaluer la portée et la pertinence des critères choisis.

Difficulté d'évaluation du nombre de catégories d'axe

Le diagnostic de l'architecture de l'arbre repose sur la reconnaissance de l'unité hiérarchisée. Celui qui parvient à identifier le nombre de catégories d'axe de l'unité ou des unités hiérarchisées qui composent un arbre peut conclure qu'il possède cette clé. À l'inverse, toute difficulté à identifier le nombre de catégories d'axe d'un arbre est l'indice d'un besoin de mieux maîtriser les concepts en architecture des arbres. Cinq facteurs, ou traits physiques, peuvent contribuer à rendre l'exercice difficile (figure 9.12). Chaque facteur, qu'on nommera ici «facteur de difficulté», est lié à un ou à plusieurs concepts en architecture des végétaux. Nous présentons un à un ces facteurs tout en renvoyant le lecteur aux concepts qu'il est invité à réviser pour une meilleure compréhension du sujet. Les concepts proposés sont inscrits en note de bas de page.

La figure 9.12a illustre une unité hiérarchisée qui ne présente aucune difficulté de reconnaissance, et ce, pour trois raisons. D'abord, une seule unité hiérarchisée entre dans la composition de l'arbre, ce qui rend ses limites physiques claires (ce sont les limites de l'arbre lui-même). Ensuite, l'axe 1 se distingue clairement des axes 2 qu'il porte, le premier étant long et érigé tandis que les autres sont nombreux, courts et inclinés. Enfin, aucun changement dans la qualité de la ramification n'est perceptible de bas en haut le long du tronc. Dans l'exemple illustré, l'unité hiérarchisée est ramifiée jusqu'en A2.

Facteur de difficulté 1 – La présence de fourches[62]

Le degré de difficulté dans la reconnaissance des catégories d'axe augmente dès lors que l'axe 1 est fourché (figure 9.12b). Dans le cas illustré, les fourches successives délimitent sept unités hiérarchisées (entourées en pointillés). Chacune est clairement ramifiée de petits A2. Chez les arbres, les unités du bas sont le plus souvent élaguées, les premiers A2 formés ayant une courte durée de vie. Ils peuvent déjà tomber alors qu'il en pousse d'autres plus haut, laissant ainsi le tronc et éventuellement la base des branches maîtresses dénudées, résultat d'un élagage naturel. La détermination du nombre de catégories d'axe de l'arbre doit se faire à partir de l'observation d'unités hiérarchisées bien établies et non élaguées. Dans l'exemple illustré, il est de deux (A1 et A2).

---

62. Concepts utiles à réviser : plans d'organisation hiérarchique et polyarchique, alternance et superposition des plans d'organisation, modes de ramification monopodial et sympodial, sympode divariqué et sympode mixte, fourche maîtresse, niveaux d'organisation, modèles architecturaux emboîtés.

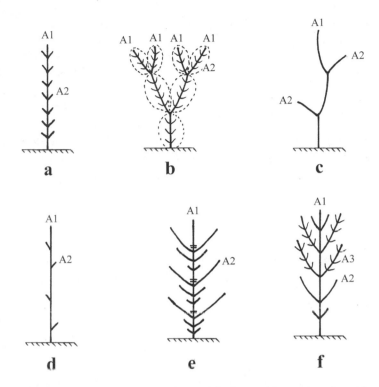

Figure 9.12 – Facteurs de difficulté dans l'évaluation du nombre de catégories d'axe d'un arbre. **a.** Aucune difficulté, l'arbre est constitué d'une seule unité hiérarchisée et le tronc (A1) est clairement distinct des branches (A2) qui le garnissent. **b.** Facteur 1 – Présence de fourches. Dans l'exemple illustré, les fourches successives du tronc mènent à la reconnaissance de sept unités hiérarchisées (entourées de pointillés), chacune étant clairement ramifiées de petits A2. **c.** Facteur 2 – Déviations. Les déviations de l'axe du tronc, dues à l'empilement de modules ou à des changements passés d'orientation, peuvent rendre difficile la reconnaissance même du tronc (A1) et, conséquemment, la reconnaissance des branches (A2). **d.** Facteur 3 – Nombre d'axes latéraux. Une faible représentation des axes latéraux participe à rendre leur reconnaissance plus difficile. **e.** Facteur 4 – Différences de longueur. La prédominance des organes le long d'un axe influence leur longueur relative. Exemple d'acrotonie; les branches insérées en fin d'unité de croissance sont les plus fortes. **f.** Facteur 5 – Changement du taux de ramification le long de l'axe. En cours de développement, le nombre de catégories d'axe de l'arbre augmente (exemple illustré) et éventuellement diminue. Dans l'exemple, les toutes dernières branches produites dans le haut de l'arbre sont trop jeunes pour avoir eu le temps de produire leurs propres axes latéraux. = : limite d'unité de croissance, An: axe de catégorie n.

Facteur de difficulté 2 – Les déviations[63]

Un deuxième facteur de difficulté vient de la déviation possible des axes (figure 9.12c), que ce soit en raison de l'empilement de plusieurs modules qui participent à la construction du tronc ou du changement d'orientation du tronc (ou des modules impliqués) en cours de croissance. Dans l'exemple illustré, le parcours du tronc (A1) est dévié au point d'insertion des branches et témoigne d'un empilement de modules. Bien que les branches soient fortes et obliques, elles ne déclassent pas pour autant le tronc qui reste unique et dominant malgré ses déviations.

Facteur de difficulté 3 – Le nombre d'axes latéraux[64]

Une faible quantité d'axes latéraux peut rendre leur reconnaissance difficile (figure 9.12d), surtout lorsque ce facteur est combiné avec d'autres facteurs de difficulté. Dans l'exemple illustré, les axes 2 sont non seulement peu nombreux, mais en plus ils sont isolés les uns des autres sur l'axe 1.

Facteur de difficulté 4 – Les différences de longueur[65]

Un autre facteur de difficulté vient de la différence de longueur entre les axes d'une même catégorie (figure 9.12e). L'exemple illustré met en évidence un phénomène fréquemment observé. Les branches insérées dans le haut de chaque unité de croissance (ou pousse annuelle) du tronc sont les plus longues[66] tandis qu'en descendant le long des unités de croissance, les axes latéraux sont de plus en plus courts. Pour déterminer la catégorie d'axe atteinte par un arbre, il importe de porter son regard sur les branches les plus fortes insérées en fin d'unité de croissance du tronc (les plus fortes, les plus longues et les plus ramifiées). Elles sont représentatives de ce que l'arbre

---

63. Concepts utiles à réviser : fourche récurrente, autodifférenciation des axes, modèle architectural de Koriba.
64. Concepts utiles à réviser : phyllotaxie, prédominance des organes sur un axe, durée de vie des axes.
65. Concepts utiles à réviser : prédominances longitudinale et latérale des organes sur un axe, réitération totale et partielle.
66. Résultant d'une acrotonie.

peut faire de mieux. Attention toutefois à la branche qui serait plus dressée, plus longue et plus ramifiée que toutes les autres (voir la section «*Quand la branche ressemble à un élément de fourche*» du chapitre 2). Il arrive en effet que le fonctionnement d'une branche s'apparente à celui du tronc, dans une tentative de fourcher avec lui. La tentative peut être incomplète même si la branche présente plusieurs caractères apparentés. Tout dépendant de l'arbre et de l'espèce, ce genre de tentative a des chances ou non d'être suivie, plus haut sur le tronc, par des tentatives plus franches de réplique, donnant lieu à une fourche clairement assumée du tronc. Lorsque le nombre de catégories d'axe caractéristique de l'espèce est connu (annexe 1), il est plus facile de repérer les cas de réplique[67].

Facteur de difficulté 5 – Changement du taux de ramification le long de l'axe[68] *(figure 9.12f)*

Il est important de se rappeler que la maturité de l'arbre progresse au cours du temps et que ses branches du bas ont de bonnes chances de présenter une architecture différente de celles du haut. Si l'arbre est en progression dans l'augmentation du nombre de ses catégories d'axe, les branches (A2) du bas peuvent par exemple se rendre jusqu'en A3 tandis que les branches du haut atteignent les A4. Si l'arbre est encore plus avancé dans sa séquence de développement et que ses branches du bas sont élaguées, il se peut que ses branches les plus basses soient ramifiées jusqu'en A4 tandis que les branches du haut atteignent seulement A3. L'important est de suivre la progression en cours. Dans l'exemple illustré, les axes latéraux du bas (A2) sont non ramifiés tandis que ceux du haut supportent des A3. Il ne faut pas chercher trop haut sur l'arbre non plus puisque les toutes jeunes branches du haut de l'arbre n'ont pas encore eu le temps de se ramifier. À la lecture de ces quelques mots, on pourrait s'inquiéter de ne pas y arriver. Toutefois,

---

67. Réitération totale lorsqu'elle se fait le long du tronc (fourche du tronc) et réitération partielle lorsqu'elle concerne une branche (fourche de branche).

68. Concepts utiles à réviser : séquence de développement, métamorphose architecturale, réitération totale et partielle.

il est bon de savoir qu'en général la progression du nombre de catégories d'axe dans l'arbre est plutôt lente. L'observation de plusieurs branches permet d'appuyer le résultat de l'évaluation. Dans les cas où on remarque des différences entre les branches, il est recommandé d'observer un plus grand nombre de branches de manière à déterminer ce que l'arbre peut faire de mieux. Enfin, il faut faire attention à la branche qui serait plus dressée, plus longue et plus ramifiée que toutes les autres (voir le facteur de difficulté 4) dans une tentative de fourcher avec le tronc. La détermination du nombre de catégories d'axe doit être faite à l'intérieur d'une unité hiérarchisée, indépendamment des cas de répliques[69].

Les cinq facteurs de difficulté peuvent combiner leurs effets à l'échelle de chaque catégorie d'axe et rendre leur reconnaissance difficile. Néanmoins, c'est à force de voir qu'on se fait l'œil. Avec de la pratique, on apprend vite à repérer d'abord les axes dominants, ensuite à repérer leur patron de ramification et à vérifier si les axes latéraux sont à leur tour ramifiés. Savoir repérer les limites d'unités de croissance est un atout. L'observateur apprend à identifier les limites des unités de croissance et à repérer la régularité de présence de chaque catégorie d'axe, tout en portant une attention particulière aux tentatives de répliques. Il est préférable qu'un seul observateur mène l'ensemble d'un échantillonnage, se donnant les mêmes balises tout au long de son échantillonnage. Pour ceux qui souhaitent développer plus d'aisance dans l'exercice du diagnostic, une formation pratique de quelques jours sur le terrain est recommandée. Avec un peu d'expérience, il devient facile de reconnaître le nombre de catégories d'axe des arbres, une étape essentielle du diagnostic de leur architecture.

---

69. Réitération totale ou partielle.

Chapitre 10
Interprétation du développement de l'arbre et choix des interventions

L'objectif de ce dernier chapitre est de présenter les éléments qui découlent de l'interprétation du développement de l'arbre faite à partir du diagnostic de son architecture et de voir quelles recommandations on peut en tirer dans un objectif d'intervention. Ce chapitre n'a pas la prétention de remplacer les enseignements faits aux arboriculteurs et aux élagueurs sur la façon de tailler un arbre. De la même manière, il n'a pas la prétention de remplacer les enseignements faits aux techniciens forestiers et aux ingénieurs forestiers sur la façon de gérer et d'exploiter une forêt, ni même encore la prétention d'enseigner à un chercheur comment planifier ses échantillonnages. L'architecture des arbres est offerte comme outil de prise de décision qui s'ajoute dans le coffre à outils déjà chargé de tous ceux qui travaillent avec les arbres. Il peut arriver que les notions d'architecture des arbres mettent des mots sur ce que les intervenants ont déjà vu et compris intuitivement. Elles leur permettent ainsi d'aller plus loin dans leur compréhension de l'arbre, ce qui les aide dans le choix de leurs interventions. Mais plus encore, le diagnostic fournit à l'observateur des informations inédites qui l'aident à prévoir la réaction des arbres aux tailles ou à toute autre intervention.

Dans le cadre de travaux de recherche menés dans les années 1990 et 2000, des diagnostics de l'architecture des arbres ont révélé chez les arbres des réactions de croissance indésirables dues aux tailles. Deux études de cas sont présentées dans Millet, 2012. Il a ainsi été démontré qu'intervenir sans tenir compte de l'architecture et du mode de développement de l'arbre risque non seulement de ne pas mener aux résultats souhaités, mais peut également provoquer des réactions de croissance qui vont à l'encontre des objectifs d'aménagement. Se battre contre l'arbre et provoquer chez lui des réactions de croissance indésirables, pourtant prévisibles, est non seulement inutile et contre-productif, mais coûte aussi très cher, pour l'intervenant comme pour l'arbre.

De manière à éviter les réactions de croissance indésirables de même que les réactions de croissance neutres à la suite d'interventions mal choisies (sans effet positif ou négatif mais néanmoins coûteuses), il importe de tirer le plus d'information possible des diagnostics. Voici une liste de caractères chez l'arbre pouvant être identifiés à l'aide du diagnostic et les informations qu'ils nous donnent sur les potentialités de croissance de l'arbre.

Indices des potentialités de croissance de l'arbre

Indice de potentialité 1 – Première unité hiérarchisée inachevée

Tant que la première unité hiérarchisée de l'arbre n'est pas complètement établie avec le maximum de catégories d'axe caractéristique de l'espèce, le jeune arbre est potentiellement en phase de construction de son tronc et immature sexuellement. Même s'il fourche, il peut encore reprendre l'allongement de son tronc. La fourche terminale du jeune arbre garde un caractère temporaire en lien avec l'immaturité de l'arbre. La possibilité de reprise de l'allongement du tronc dépend bien sûr des conditions qui entretiennent la présence de la fourche. Chez les espèces connues pour leurs fourches récurrentes (fourches temporaires prévues dans la séquence de développement de l'arbre, par exemple chez les érables, chênes, etc.), il est recommandé de ne pas tailler un élément de la fourche terminale puisqu'il est prévu dans le développement de l'arbre qu'un élément se redressera éventuellement et que l'autre s'affaissera. Une taille ne pourrait que stimuler l'arbre à fourcher de nouveau. Si toutefois le tronc tardait trop à reprendre sa dominance, il peut être approprié ou non d'intervenir, tout dépendant du contexte et de l'état de l'arbre. Si l'arbre est dans un état de latence en raison de conditions de croissance difficiles (par exemple un trop fort ombrage ou un manque de minéraux dans le sol), toute intervention de taille ne peut qu'aggraver la situation et stimuler encore plus sa tendance à fourcher. Seule une amélioration des conditions du milieu pourrait aider l'arbre à gagner en vigueur et à reprendre l'allongement de son tronc, à moins bien sûr que le jeune arbre ait déjà atteint, de façon prématurée, le stade d'arbre sénescent (voir indice de potentialité 4). Si, par contre, le jeune arbre a fourché dans de bonnes conditions de croissance (fourche accidentelle ou fourche maîtresse prématurée), la réduction d'un élément de sa fourche terminale (voir réduction de branche plus bas) peut aider au besoin l'autre élément à se redresser et à reprendre l'allongement du tronc. À l'inverse, lorsque le maintien de la fourche est souhaité (par exemple sous un réseau électrique), il est préférable d'éviter l'élimination de tout élément de fourche le temps que leur diamètre augmente et qu'ils ne puissent plus se redresser.

Indice de potentialité 2   Première unité hiérarchisée achevée

Une première unité hiérarchisée achevée, avec son maximum de catégories d'axe atteint, annonce la fin de l'allongement du tronc chez les espèces qui fourchent à maturité. La perte du potentiel d'allongement du tronc fait place à l'établissement de la fourche maîtresse, une fourche à caractère permanent. À ce stade, la taille d'un élément de la fourche n'aura pas pour effet de stimuler le redressement de l'autre élément. L'arbre tentera plutôt de rétablir un autre élément de fourche de manière à étaler sa cime latéralement. Néanmoins, il peut arriver que l'affaiblissement de l'un des axes (par réduction de branche, voir plus loin) soit utile si la remontée de couronne est nécessaire, par exemple au-dessus d'une route.

Indice de potentialité 3 – Première fourche maîtresse

Chez l'arbre qui a établi le nombre maximum de catégories d'axe propre à son espèce et dont le tronc a fourché pour la première fois, les éléments de cette première fourche sont en général les plus longs et les plus ramifiés (c'est-à-dire avec le plus grand nombre de catégories d'axe) que l'arbre ne pourra jamais produire. Dans un contexte où on souhaite que l'arbre dépasse rapidement et efficacement une zone de dégagement à protéger, il est préférable de tirer profit du haut taux de croissance des premiers éléments de fourche plutôt que de tailler l'arbre et ainsi provoquer des repousses qui ont moins de chance d'être longues et de pousser rapidement en hauteur. Une orientation mécanique des axes (tuteur horizontal, attaches souples) est à envisager le temps que la structure de soutien de l'arbre se stabilise, qu'elle gagne en diamètre et en solidité et que, chez l'arbre devenu mature, elle perde sa propension à se ramifier latéralement. L'affaiblissement de l'un des axes peut néanmoins être envisagé au besoin, par exemple dans le cas d'un problème d'écorce incluse dans la fourche.

Indice de potentialité 4 – Succession de fourches courtes

Une succession de fourches courtes dans le haut de la cime d'un arbre adulte signifie que l'arbre a atteint la pleine maturité. Il est en fin de vie et sur le point d'entrer en sénescence. Entendons-nous, il peut vivre encore plusieurs bonnes années, voire peut-être même une dizaine ou plusieurs dizaines, mais il ne faut pas compter sur un grand potentiel de développement de sa part. Sa croissance en hauteur est déjà faible. Il n'a plus la capacité d'établir de grandes unités hiérarchisées en hauteur. Tailler un tel arbre dans le haut de sa cime a plus de chance d'accélérer sa mortalité que de stimuler des repousses vigoureuses. Ses repousses développées dans les hauteurs de l'arbre, même si elles devaient sembler un peu plus vigoureuses que ce qui a été taillé, vont rapidement diminuer en taux de croissance et se mettre à fourcher et à se couvrir de fleurs. L'arbre va produire des rejets à maturation rapide, en accord avec son état de maturité avancé. Aussi, plus l'arbre est vieux, moins il a la capacité de produire des repousses à partir de son tronc. Les possibilités pour l'arbre de connaître une descente de cime et d'établir une cime de remplacement diminuent avec l'âge et la maturité. Chez un plus jeune plant soumis à un fort stress et qui a atteint de façon prématurée le stade d'arbre sénescent (repérable par une succession de fourches courtes et une floraison abondante), aucune intervention ne peut l'aider à reprendre l'allongement de son tronc à partir du haut. Une amélioration des conditions du milieu ne peut, tout au plus, que stimuler la formation d'un rejet à la base du plant. Le rejet, profitant d'un système racinaire déjà en place, a plus de chance de se développer de façon hiérarchisée et pourra remplacer rapidement le «jeune vieux» dont les potentialités de croissance sont bloquées. Par ailleurs, il peut arriver qu'un jeune arbre stressé, par exemple par une transplantation en stade gros sujet, ait tendance à fourcher tout en ayant une croissance faible, signe d'une phase de latence. Après quoi, des axes plus vigoureux apparaissent de façon erratique puis, progressivement, en partie haute du houppier, signe de rétablissement (observation de Jac Boutaud, communication personnelle). Il est parfois diffi-cile de faire la différence entre une forme latente et un arbre sénescent prématurément. De même, il arrive que les chances de rétablissement soient difficiles à évaluer. Dans les deux cas, il est préférable de ne pas intervenir par des opérations de taille.

Indice de potentialité 5 – Abondance de rejets

L'arbre qui produit de nombreux rejets est désorganisé dans son fonctionnement. Du fait de sa désorganisation, il est mal disposé à répondre à une taille supplémentaire visant à orienter sa croissance selon des objectifs d'aménagement. Incapable d'orienter sa croissance, l'arbre aura peu de chance de mettre à profit les tire-sève[70] qu'on lui aura sélectionnés. Une taille supplémentaire risque

---

70. Axe latéral épargné dans l'espoir qu'il récupère la forte croissance de l'arbre et qu'il lui donne la direction souhaitée.

plus d'accentuer son état de désorganisation que de l'encourager à pousser dans une direction précise. Le maintien de son état de désorganisation l'encourage à produire de nouveaux rejets. De plus, l'arbre a dû puiser dans ses réserves pour produire ses premiers rejets. Une intervention supplémentaire lui demandera de puiser à nouveau dans ses réserves déjà diminuées, ce qui l'encouragera à produire des rejets encore plus bas sur ses branches et sur son tronc (signe de dépérissement). Il est recommandé d'attendre plusieurs années avant d'intervenir sur un arbre couvert de rejets, le temps qu'il refasse ses réserves, qu'il choisisse de lui-même le ou les rejets qui participeront à la reconstruction de sa cime et qu'il rétablisse une hiérarchie dans son système.

Indice de potentialité 6 – Un ou plusieurs rejets prenant le dessus sur les autres

Si un ou plusieurs rejets se démarquent dans la cime d'un arbre adulte en raison de leur plus forte croissance par rapport aux autres rejets, c'est signe que l'arbre est entré dans une phase de rétablissement. Il construit sa cime de remplacement. Toutefois chez l'arbre adulte, il ne faut pas s'attendre à ce que les grands rejets dépassent la hauteur de l'ancienne cime. Ils auront une forte croissance au début, mais ils vieilliront plus vite que la structure qu'ils remplacent. Par exemple, si l'arbre avant d'être taillé avait mis 30 ans à pousser sur son dernier mètre et demi en hauteur, le rejet peut en prendre seulement 5 pour atteindre la maturité avec une floraison abondante et une succession de fourches courtes (observation de Yves Caraglio, communication personnelle).

Indice de potentialité 7 – Rejets peu développés

La qualité du développement des rejets renseigne sur la capacité de l'arbre à pousser à partir de ses réserves. Que ce soit chez un arbre qui a été taillé dans le haut ou chez un arbre dont la croissance apicale est réduite avec une succession de fourches courtes (arbre vieux physiologiquement), des petites pousses qui apparaissent un peu partout révèlent chez l'arbre une capacité d'organisation faible et une capacité de rétablissement également faible. Il est avisé de ne pas intervenir.

Indice de potentialité 8 – Mortalité en périphérie de la cime de structures jeunes

L'arbre qui commence à mourir dans le haut alors qu'il n'a pas atteint la pleine maturité est un arbre qui a dépassé sa limite d'endurance face à des conditions de croissance difficiles. L'arbre est dépérissant. La production de rejets plus bas est signe d'une tentative de l'arbre de reconstruire sa cime. Toutefois, son rétablissement n'est pas garanti. L'arbre dépérissant puise dans ses réserves. Toute intervention pratiquée sur un tel arbre ne peut qu'accentuer son état de détresse et le précipiter vers la mort.

Indice de potentialité 9 – Grosseur du bourrelet de recouvrement ou cal de recouvrement ou bourrelet cicatriciel

Le diagnostic de l'architecture de l'arbre peut être appuyé de l'observation des bourrelets de recouvrement. Ils se forment par le développement du bois et de l'écorce autour de l'espace vide laissé par une branche tombée ou coupée ou par toute autre blessure ayant endommagé l'écorce jusqu'au bois[71] (feu, bris mécanique, fente de gel, etc.). Le bourrelet de recouvrement tend à refermer la plaie. La grosseur du bourrelet dépend de la vitesse de croissance en diamètre du tronc et donc de la vigueur de l'arbre. Lorsque le bourrelet est gros et bien refermé, il témoigne de la grande vigueur de l'arbre, contrairement à un petit bourrelet qui ne couvre pas la plaie. Par ailleurs, dans le cas d'une branche coupée, le retard de développement d'un côté seulement du bourrelet est plutôt le signe d'un angle mal adapté de la coupe.

Le diagnostic de l'architecture de l'arbre permet d'évaluer ses potentialités de croissance. Nous avons donné neuf exemples d'indices de potentialité. Ils dépendent du stade de développement atteint

---

71. Ou plus précisément lorsqu'une partie du cambium meurt.

par l'arbre mais également de la dynamique de son développement engagée sous l'influence des conditions de l'environnement. La capacité de l'arbre à s'ajuster aux conditions de l'environnement (incluant les tailles) est également gérée par la bascule de son plan d'organisation et par la distribution de ses réserves dans le tronc. Il ne s'agit pas seulement de reconnaître si la croissance d'un arbre est plus ou moins forte, mais bien de comprendre les rouages du développement de l'arbre qui influent sur l'orientation de sa croissance, l'évolution de son mode de ramification, la durée de vie de ses axes, etc.

Les intervenants sur l'arbre connaissent déjà par l'entremise de leur métier les innombrables raisons pour tailler un arbre, que ce soit par l'identification des contextes qui les justifient (proximité d'une rue, d'un bâtiment, etc.) ou par préoccupation de la qualité de la structure de l'arbre (par exemple un souci d'évitement d'écorce incluse, d'évitement des nœuds dans le bois, etc.). De manière à faire contrepoids aux multiples raisons qui motivent les tailles, nous présentons ici une liste de quinze bonnes raisons pour ne pas tailler un arbre. Elles découlent à l'évidence des nouvelles connaissances que nous avons du mode de développement des arbres. Certaines viendront en contradiction avec des pratiques actuellement répandues (par exemple l'étêtage des arbres est encore malheureusement pratiqué). C'est pourquoi nous faisons dans la suite du texte la promotion d'une alternative à la taille, déjà connue des arboriculteurs et, depuis les années 1980, d'un nombre grandissant d'arboristes et d'élagueurs avisés, la réduction de branche. Néanmoins, puisqu'il y aura toujours des contextes où les tailles seront jugées nécessaires, il peut être possible de faire un choix des axes à tailler pour un « moindre mal ». Nous proposons quelques choix d'axes à tailler. Enfin, certains intervenants choisiront de tailler coûte que coûte pour diverses raisons, par exemple des raisons paysagères, ce qui leur demandera d'assumer les risques et les conséquences annoncés.

Les consignes proposées ci-après ne sont encore que les premières idées émises. D'autres suivront au fur et à mesure que les intervenants s'approprieront les connaissances en architecture des arbres et que leurs expériences pratiques auprès des arbres documenteront et compléteront ce qui est proposé ici.

Quinze bonnes raisons pour ne pas tailler un arbre

À éviter 1 – Couper ou pincer l'extrémité du tronc

Ne pas couper ni même pincer l'extrémité du tronc, d'autant plus s'il est jeune et à fort taux de croissance. Cela équivaut à détruire le centre organisationnel de l'arbre, provoquant sa désorganisation. Cela augmenterait sa tendance à fourcher en plus de stimuler la croissance et le redressement de ses axes latéraux.

À éviter 2 – Éliminer les fourches apicales

Éviter d'éliminer les fourches apicales chez les espèces reconnues pour établir des fourches récurrentes, mais également chez les autres espèces, sachant qu'elles peuvent se résorber. L'arbre profite temporairement de la présence d'un élément de fourche même s'il est voué à l'affaissement par la suite. Priver trop rapidement l'arbre de son élément de fourche apicale le prive de la captation de ses ressources (soleil, évaporation qui stimule la montée de l'eau, etc.) et risque de le déstabiliser dans son fonctionnement. Si au bout de plusieurs années l'élément ne s'affaisse pas, bien que l'arbre soit encore en phase de construction de son tronc, il est préférable de le réduire plutôt que de l'éliminer à sa base. L'éliminer aurait pour effet indésirable de stimuler une repousse au même endroit à partir du tronc et de provoquer une accumulation de réserves d'amidon dans le tronc (début d'une dépendance de l'arbre aux tailles). Toutefois, dans le cas de fourches accidentelles avec écorce incluse, il demeure avisé d'intervenir précocement.

À éviter 3 – Toucher aux branches horizontales

Leur orientation confirme leur rang secondaire par rapport au tronc. Elles ne se redresseront pas. Leur durée de vie est courte par rapport à celle des branches dressées. Elles alimentent l'arbre et favorisent l'augmentation en diamètre du tronc. Les éliminer amplifie le déficit de l'arbre en branches et en feuilles et l'encourage à mettre en place de nouvelles repousses plus dressées et plus problématiques à court et long terme. Dans le cas de branches horizontales dans le bas de l'arbre qui doivent obligatoirement être éliminées en raison d'une contrainte d'aménagement, il est recommandé de les réduire d'abord, le temps que leur taux de croissance diminue et que le rapport de diamètre tronc/branche augmente (voir plus bas réduction de branche).

À éviter 4 – Éliminer systématiquement les rejets et les gourmands[72]

Les rejets et les gourmands représentent le devenir de l'arbre. Ils sont apparus en raison de l'insuffisance des structures en périphérie. Éliminer les rejets et les gourmands a pour effet de priver l'arbre des structures feuillées dont il a besoin pour se nourrir. Il tentera aussitôt d'en rétablir d'autres en puisant une fois de plus dans ses réserves, avec pour résultat d'affaiblir l'arbre. Celui-ci sera plus sujet au dépérissement (rejets apparaissant plus bas) au lieu d'être encouragé à reprendre sa croissance à partir de ses axes en périphérie de sa cime. Les rejets, lorsqu'ils sont nombreux, augmentent les possibilités de rétablissement de l'arbre. Par ailleurs, les gourmands assurent à l'arbre une évapotranspiration active, stimulant la montée de l'eau et l'alimentation de l'arbre en minéraux, lorsque les stomates des feuilles en périphérie de la cime sont fermées et inactives sous conditions d'ensoleillement et de dessèchement extrêmes.

---

72. Tel que mentionné précédemment, le terme « rejet » est le plus souvent utilisé de façon générale et inclut les « gourmands ». Lorsque les deux termes sont utilisés conjointement, le « rejet » désigne plus particulièrement la repousse de l'arbre survenue à proximité d'une coupe ou d'une cassure tandis que le « gourmand » apparaît n'importe où sur l'arbre sauf à proximité d'une coupe ou d'une cassure. Il n'y a aucune distinction morphologique ou anatomique entre le rejet et le gourmand.

À éviter 5 – Intervenir trop rapidement sur un arbre qui vient de produire des rejets

Après une production de rejets, laisser à l'arbre plusieurs années avant d'intervenir à nouveau. Cela lui laissera le temps de marquer sa dominance par lui-même dans le choix de ses rejets et de refaire ses réserves.

À éviter 6 – Intervenir sur un arbre dépérissant

L'arbre dépérissant n'est pas en état de se rétablir. Toute taille ne peut qu'accélérer son dépérissement et le précipiter vers la mort.

À éviter 7 – Intervenir sur un arbre sénescent

L'arbre sénescent a perdu tout potentiel de développement en périphérie de sa cime. Seule la taille de son bois mort est conseillée. Toute taille d'axe vivant ne peut qu'accélérer son cheminement vers la mort.

À éviter 8 – Éliminer des axes à fort taux de croissance

Il est préférable de réduire les branches à fort taux de croissance ou à fort volume plutôt que de les éliminer complètement, de manière à éviter les repousses fortes sur le tronc et l'accumulation de réserves d'amidon dans le tronc, laquelle encourage les repousses incessantes au même endroit. Maintenir en place des branches réduites favorise l'augmentation du rapport de diamètre tronc/branche et plus tard, si les branches en viennent à être éliminées, une fermeture plus rapide des plaies.

À éviter 9 – Tailler l'extrémité inclinée d'un jeune tronc

Surtout chez les espèces reconnues pour le redressement secondaire de leur tronc (montée inclinée). Ces axes sont voués à se redresser d'eux-mêmes. Leur inclinaison n'est pas un signe de manque de dominance. L'arbre profite de l'étalement latéral de son feuillage pour capter les ressources et préparer sa montée. Une taille risque de désorganiser l'arbre dans son fonctionnement et de retarder la construction de son tronc. Dans le cas contraire, advenant que la tête inclinée ne se redresse pas, l'arbre qui en a le potentiel[73] mettra en place de lui-même un relais lorsqu'il sera disposé.

À éviter 10 – Tailler les anciennes têtes inclinées devenues branches

Une fois le relais du tronc mis en place, l'ancienne extrémité du tronc devenue branche n'a plus aucune chance de se redresser. Elle va garder un rôle secondaire et une faible croissance jusqu'à sa mort. Par sa présence, elle contribue à alimenter l'arbre de son feuillage.

À éviter 11 – Remonter exagérément la cime d'un arbre

Un fort élagage du tronc et même des branches maîtresses nuit à leur grossissement en diamètre. C'est toute la structure de soutien de l'arbre qui perd en solidité. Aussi, un déficit en branches poussera l'arbre à produire des rejets sur son tronc.

À éviter 12 – Tailler un arbre dont les repousses sont faibles à la suite d'une forte taille

La faiblesse de la repousse est un signe que l'arbre a de la difficulté à puiser dans ses réserves. Le tailler encore plus risque de le précipiter dans un dépérissement irréversible.

À éviter 13 – Intervenir sur un arbre désorganisé

Il est repérable à la présence de nombreux rejets à la suite d'une taille ou de toute autre perturbation. Pour pouvoir produire ses rejets alors qu'il vient de vivre un traumatisme, l'arbre a dû puiser dans ses réserves. Une taille supplémentaire stimule chez lui un autre effort de repousse qui sollicite ses réserves déjà amoindries, risquant ainsi de les épuiser. Une taille supplémentaire ne peut qu'entretenir chez l'arbre son état de désorganisation et risque de le faire basculer dans un état de dépérissement.

---

73. Le tilleul d'Amérique semble être privé de ce potentiel (voir Millet, 2012). Après une trop longue période de croissance à l'horizontale, l'extrémité du tronc peut rester bloquée, incapable de se redresser, et avoir de la difficulté à mettre en place un relais fort dans sa zone de courbure.

À éviter 14 – Tailler un arbre à faible taux de croissance

La taille d'un arbre déjà peu vigoureux risque de provoquer son dépérissement.

À éviter 15 – Tailler dans la partie haute de l'arbre

De façon générale, il est recommandé d'éviter de tailler les branches du haut de l'arbre et l'extrémité du tronc ou des éléments de fourche. L'arbre pousse par le haut. Tailler des axes à forte croissance a plus d'impact sur le fonctionnement global de l'arbre. Une taille en hauteur a plus de chance de déclencher la production de rejets, de stimuler la mise en place de fourches, de nuire à la santé de l'arbre, etc. Dans la mesure du possible, prévoir le besoin d'intervenir et privilégier des interventions légères, telles que des réductions de branches.

Une alternative : la réduction de branche

La réduction d'une branche a pour but de ralentir son développement tout en lui laissant du volume. Ainsi, elle continue à porter un feuillage abondant et à alimenter le tronc, ce qui aide ce dernier à grossir en diamètre. La réduction de la branche prévient sa concurrence avec le tronc, l'empêchant de former une fourche avec lui. La réduction maintient la branche dans un rôle secondaire par rapport au tronc, c'est-à-dire un rôle de A2. Pendant ce temps, le tronc poursuit son développement en hauteur et met en place d'autres branches. Avec le temps, les branches du bas du tronc deviennent moins productives et, par le fait même, moins essentielles pour l'arbre. Le taux de croissance de toute branche vieillissante finit par diminuer, même après avoir connu une forte croissance en début de vie. Couper la branche au ras du tronc lorsqu'elle a atteint un faible taux de croissance, a moins de chance d'être suivi d'une repousse au même endroit que la taille d'une branche à forte croissance. L'arbre a déplacé ailleurs, en l'occurrence vers le haut, son effort de croissance.

Concrètement, la réduction d'une branche signifie l'élimination de seulement quelques segments. Cela peut être le seul pincement de quelques extrémités d'axe. Elle vise les axes les plus forts de la branche, soit son extrémité distale (A2) et celle de quelques axes latéraux (A3) les plus forts. Un suivi sur quelques années permet de s'assurer que la branche prend et garde un rôle secondaire par rapport au tronc.

La réduction de la branche est une alternative à sa taille complète. Elle prévient plusieurs problèmes dus aux tailles et elle répond plus efficacement à plusieurs besoins en aménagement. D'abord, la taille est généralement pratiquée dans le but d'orienter la croissance de l'arbre. Or, l'opération ne peut pas réussir si l'arbre est désorganisé. Les fortes tailles provoquent la désorganisation de l'arbre et stimulent la production de rejets. Tout effort d'orienter la croissance de l'arbre est alors inutile. À l'inverse, la réduction de branches aide à orienter la croissance de l'arbre tout en évitant de le désorganiser dans son fonctionnement d'ensemble. La profusion de rejets est ainsi évitée, ce qui prévient en même temps des problèmes d'ordre esthétique.

Ensuite, la taille est souvent pratiquée dans un but de dégagement. Elle est souvent faite de façon tardive à un moment où la présence de la branche est rendue problématique. Afin d'éviter que plusieurs rejets se développent à la base de la plaie, donc à l'endroit même où ils sont indésirables, il importe de s'assurer à l'avance que l'arbre n'a plus un grand besoin de la branche visée par la taille. Un accompagnement préventif avec réduction permet à la branche de jouer son rôle d'approvisionnement en ressources tout en diminuant progressivement sa vigueur, le temps que l'arbre mette en place d'autres branches. Il est recommandé de planifier les besoins d'orientation de la croissance de l'arbre nécessaires pour prévenir les problèmes d'interférence avec le mobilier urbain. En d'autres mots, il est recommandé de faire un plan de gestion pour une planification des opérations de taille de formation en fonction des contraintes du site. La réduction de branche, à privilégier et faite en temps, détourne progressivement l'investissement de l'arbre (changement d'orientation de la croissance) sans enlever le pouvoir assimilateur à la branche. La réduction de branche a pour effet de ralentir son développement et donne à l'arbre l'occasion de s'investir autre part.

Avec le temps, les branches réduites peuvent même compléter leur développement, dépérir d'elles-mêmes, mourir et s'élaguer naturellement. Si nécessaire, les branches réduites peuvent être élaguées à la scie une fois que leur taux de croissance aura diminué de façon marquée et durable, signe que l'arbre en a moins besoin et qu'il est apte et porté à s'investir autre part. Une taille tardive de la branche prévient non seulement la production de rejets à sa base, mais également évite de stimuler l'accumulation de réserves d'amidon dans le tronc. On évite ainsi de provoquer chez l'arbre une forme de dépendance aux tailles, évitant d'enclencher les cycles répétés de tailles/repousses dans les zones de dégagement.

Certains diront que la taille complète de la branche, lorsqu'elle est encore jeune, est préférable pour assurer une fermeture rapide de la plaie. La réduction de branche fait en sorte que, dans les faits, c'est le contraire. Lorsque la branche est jeune, le tronc l'est également. Son diamètre est encore relativement petit et sa capacité de former un bourrelet autour d'une plaie ouverte est encore faible. Le rapport de diamètre entre le tronc et la branche peut être au début, par exemple, de l'ordre de 60/40. La réduction de la branche change de façon avantageuse le rapport de diamètre tronc/branche. La branche réduite augmente moins vite en diamètre tandis que sa présence sur le tronc contribue au grossissement en diamètre de ce dernier. Le tronc muni de branches grossit effectivement plus vite en diamètre. Attendre plusieurs années avant de couper définitivement la branche donne le temps au tronc d'augmenter en diamètre. Avec les années, le rapport de diamètre tronc/branche change, passant par exemple de 60/40 à 80/20. La taille complète et tardive de la branche profite alors de la grande différence de diamètre entre le tronc et la branche. Le tronc devenu plus gros est capable de former des bourrelets plus gros et il a plus de chance de fermer rapidement la plaie. Une fermeture plus rapide de la plaie diminue les risques de pourriture et d'infestation par des insectes. Les forestiers qui cherchent à éviter des nœuds dans le bois destiné à des usages nobles (tranchage, déroulage, menuiserie, etc.) remplacent les tailles de réduction de branches par une savante gestion des éclaircies des peuplements : les branches doivent s'affaiblir d'elles-mêmes puis mourir assez vite par manque de lumière.

Une autre opposition au travail de réduction de branches pourrait venir de la crainte qu'elle demande plus de temps de travail. Pourtant, les témoignages d'arboristes (ou élagueurs) ayant adopté cette pratique semblent aller dans le sens inverse. Certains disent que leur travail est plus rapide du fait qu'ils n'ont pas de branches de gros calibre à extraire et aussi qu'ils ont moins de branches à tailler. En fait, certains avoueront même que cette nouvelle pratique les prive de la satisfaction de manipuler du gros matériel, mais du même souffle, ils reconnaissent qu'ils gagnent en satisfaction du travail bien fait. Un arboriste de la ville de Tours a dit en 2011, satisfait : « Je sais que mon arbre est bien parti ! ». Bien qu'un suivi de l'arbre soit recommandé, au total il demande moins d'investissement en travail et surtout, une fois la zone de dégagement dépassée, il y a moins de problèmes de repousse au mauvais endroit. La structure de soutien de l'arbre est stabilisée de manière adéquate.

En résumé, on peut dire que la réduction de branche offre sept avantages en remplacement de la taille :

- *Avantage réduction 1 – Aide à orienter la croissance de l'arbre de façon efficace, en vue de lui donner une forme jugée adéquate.*

- *Avantage réduction 2 – Prévient la désorganisation de l'arbre et la profusion inesthétique de rejets dont l'attache est faible sur le tronc.*

- *Avantage réduction 3 – Prévient la pousse de rejets au mauvais endroit, c'est-à-dire le développement d'un ou de plusieurs rejets à la base de la branche jugée indésirable.*

- *Avantage réduction 4 – Prévient la stimulation d'une accumulation de réserves d'amidon au mauvais endroit dans le tronc, ce qui évite de provoquer une forme de dépendance de l'arbre aux tailles et d'enclencher les cycles répétés et coûteux de tailles/ repousses.*

- *Avantage réduction 5 – Évite de stimuler la production de fourche chez l'arbre par une désorganisation de son fonctionnement.*

- *Avantage réduction 6 – Favorise le grossissement en diamètre du tronc, celui-ci devenant plus solide.*

- *Avantage réduction 7 – Favorise une fermeture rapide des plaies sur le tronc quand la branche s'élague naturellement en fin de vie ou est coupée à sa base. Cela engendre moins de risques de pourriture et d'infestation d'insectes.*

Où tailler quand c'est jugé nécessaire?

Il est bon de se rappeler qu'aucune taille n'est faite à l'avantage de l'arbre. Si des tailles sont pratiquées, c'est uniquement pour répondre à nos besoins d'aménagement. Néanmoins, dans un contexte où les tailles sont jugées nécessaires, il est utile de savoir comment l'arbre réagit afin d'éviter de provoquer des réactions de croissance qui nuisent aux objectifs d'aménagement. Voici quelques recommandations pouvant être tirées d'une meilleure compréhension du mode de développement de l'arbre.

- *Choix de taille 1 – Si on doit enlever du matériel à l'arbre, enlever les structures vieillissantes plutôt que les axes vigoureux et les rejets (incluant les gourmands)* qui sont des efforts ultimes de l'arbre pour renouveler sa structure. Les parties vieillissantes sont moins efficaces dans leur développement et leur capacité à alimenter l'arbre. Les éliminer risque moins de stimuler l'arbre à produire d'autres rejets que la taille des rejets déjà en place. Aussi, les chances de déclencher le dépérissement de l'arbre sont moindres.

- *Choix de taille 2* – Si on doit tailler dans le haut d'une cime (par exemple pour un maintien de volume ou réparer une casse), *privilégier une coupe au-dessus d'un point d'accumulation de réserves dans le bois, à la base des unités hiérarchisées.* Cela évitera des pertes inutiles de réserves d'amidon et favorisera le développement des repousses tout en diminuant les chances de dépérissement de l'arbre. Aussi, cela diminuera les risques de mortalité d'une section de tige restée vivante au-dessus du point de départ de la repousse. L'arbre a naturellement tendance à produire des rejets à partir de ses zones de plus fortes accumulations de réserves.

- *Choix de taille 3* – *Tailler de préférence des axes de petits calibres plutôt que des grandes branches* de manière à éviter de désorganiser l'arbre dans son fonctionnement, à éviter la production de rejets et la mise en place de fourches, à favoriser une bonne alimentation du tronc et son grossissement, à favoriser une rapide fermeture des plaies, etc.

- *Choix de taille 4* – *Avant d'éliminer une branche, la réduire et attendre que le tronc soit plus gros et plus efficace pour fermer la plaie* (voir réduction de branche).

- *Choix de taille 5* – *Privilégier une taille dans le bas de l'arbre plutôt que dans le haut.*

Conclusion

C e livre a tenté de relever un défi, celui de raconter le développement de l'arbre de façon simple, en n'employant que des mots du langage courant. Il est maintenant démontré qu'il est possible de parler du développement des arbres sans se perdre dans une longue liste des processus en cause. Les recherches scientifiques qui ont permis d'en arriver là ont dû scruter chacune des règles qui gèrent le développement des arbres. Ces recherches ont révélé de nouveaux éléments (la séquence de développement propre à chaque espèce, des modèles architecturaux simples, emboîtés ou successifs, etc.) qui confirment que le développement de l'arbre ne dépend pas uniquement de l'environnement. Tout n'est pas qu'une question de hasard de la vie, de l'influence des intempéries, de l'effet de compétition des arbres voisins, etc. L'arbre a certes une grande flexibilité de sa forme, de là sa grande capacité d'ajustement à son environnement. Mais plusieurs règles gèrent sa croissance. Elles sont plus nombreuses que présagées au départ. Elles sont mieux connues aujourd'hui. Plus on parvient à reconnaître la part du développement de l'arbre qui est liée à sa génétique, plus on a en main d'outils pour prévoir le développement des arbres. L'analyse architecturale des arbres a permis cela. Il est maintenant possible de savoir si un arbre est avancé ou non en maturité. Il est plus facile d'interpréter sa réaction à l'environnement en n'attribuant pas, par exemple, à toute fourche un signe de difficulté de l'arbre à se construire, etc.

Prévoir le développement des arbres est d'une importance capitale en gestion de l'arbre et de la forêt. Le présent livre, au grand bonheur de son auteur, participe à rendre simple et accessible ce que l'architecture des arbres révèle de la nature et des potentialités de croissance des arbres.

Mais qu'est-ce qui est si simple finalement? Tout semble se résumer à une chose, «l'unité hiérarchisée» qui est l'élément clé en architecture des arbres. Le diagnostic de l'architecture de l'arbre repose sur deux questions en rapport avec cette unité: «Quel est le nombre de catégories d'axe de l'unité hiérarchisée?» et «Quelle est la position relative des unités hiérarchisées entrant dans la composition de l'arbre?». Le nombre de catégories d'axe de l'unité hiérarchisée, couplé à la présence ou non de fleurs et de fourches, permet de déterminer le stade de développement de l'arbre. L'étude de la position relative des unités hiérarchisées complète le tableau. Soit qu'elles sont produites les unes à l'extrémité des autres, soit qu'elles sont insérées les unes sur les vieilles parties des autres. Elles témoignent en partie du mode de développement de l'espèce et en partie de l'ajustement de l'arbre à son environnement.

Le diagnostic permet d'évaluer l'état du développement de l'arbre. Cela permet d'orienter le choix des interventions de façon éclairée. Pourquoi intervient-on sur les arbres? Parce qu'on souhaite qu'ils fourchent à la hauteur voulue. Parce qu'on souhaite qu'ils adoptent une forme particulière tandis que les conditions de croissance dans lesquelles on les place encouragent l'établissement d'une autre forme. Parce qu'on craint la tombée de leurs branches. Parce qu'on croit les rajeunir et retarder leur mort, etc. L'architecture des arbres inspire une nouvelle façon de faire.

Plusieurs interventions peuvent être évitées simplement en donnant aux arbres les bonnes conditions de croissance favorisant les formes voulues (par exemple en pépinière). Il s'agit pour cela de prendre en compte l'écologie de l'espèce et de s'en laisser guider. L'architecture de l'arbre confirme de quelle manière l'arbre répond à la qualité des conditions de l'environnement et dans quelle mesure ces conditions sont adéquates.

Plusieurs interventions doivent être évitées, ne serait-ce que pour prévenir leurs effets indésirables sur les arbres et pour leur contradiction avec les objectifs d'aménagement (par exemple couper la tête de l'arbre).

Enfin, pour ce qui est des interventions jugées nécessaires en raison de contraintes d'aménagement ou d'intérêts de production, il est possible de faire autrement tout en assurant plus d'efficacité et de meilleurs résultats. L'homme a tout intérêt à devenir l'allié de l'arbre en apprenant à l'accompagner plutôt qu'à le combattre pour l'intégrer dans un aménagement particulier. Il est invité à faire des plans d'intervention qui tiennent compte des espèces concernées et de leur architecture, de prévoir les objectifs d'orientation de la croissance des arbres et les problèmes d'interférence à éviter. Il est possible de diminuer le nombre d'interventions nécessaires. La réduction de branche est proposée comme un moyen d'éviter la taille complète des branches et ses effets négatifs. L'orientation mécanique des axes (pose de tuteurs, attaches souples, etc.) est une autre façon d'éviter la taille.

Tout comme l'extraction des dents à une époque où on ne savait pas faire autrement devant un problème de santé dentaire, on peut présager qu'à l'avenir, la taille des arbres sera de moins en moins considérée comme la seule façon de régler les problèmes de structure des arbres. Du moins, on peut présumer que le jour est proche où les tailles seront faites au plus près du développement de l'arbre, dans un accompagnement plutôt que dans un combat.

Remerciements

Mes premiers remerciements vont aux lecteurs de mon premier livre paru en mai 2012. Leur enthousiasme et leur curiosité exprimés m'ont incitée à écrire ce deuxième livre, plus vulgarisé et plus pratique. Grâce à eux, j'ai le sentiment d'avoir appris à parler, que ce soit déjà lors de nos échanges et par la suite à travers mon écriture.

Ma plus grande reconnaissance va à Daniel Paquette, mon amour, mon ami, mon complice et le père de mes enfants. Son soutien et nos échanges passionnés ont fait de mon projet une réalité de tous les jours. Il m'a offert un petit coin de paradis sous les arbres et face à la mer où j'ai pu assembler mes mots et mes croquis.

Je remercie tout spécialement mes quatre réviseurs: Jac Boutaud, Pierre Cruiziat, Guy Bussières et Daniel Paquette. Par leurs commentaires pertinents marqués de leur amitié, ils m'ont invitée à me poser encore plus de questions et à ajuster le choix de mes mots de manière à m'adresser à une clientèle élargie. Leur enthousiasme m'a donné un deuxième souffle, m'aidant à accomplir les dernières étapes de ma réalisation.

Je remercie également mon aimable beau-frère Jean Marcotte qui a bien voulu se prêter au jeu et relever le défi d'accoler deux moitiés de photo du même arbre prises en deux saisons différentes. Ses talents d'artiste photographe ont hautement embélli la page couverture du livre.

Enfin, je suis heureuse d'avoir pu, une fois de plus, bénéficier des meilleurs services d'édition sous la responsabilité de Jean-Marc Gagnon. Sa grande expérience, son ouverture et sa passion m'ont permis de donner forme, une fois de plus, à un livre magnifique. Bien des gens ont eu accès à la science grâce à lui! Un grand merci pour tout!

Bibliographie

BERNATZKY, A., 1978. Tree Ecology and Preservation. Developments in Agricultural and Managed Forest Ecology, 2. Elsevier Scientific Publishing Company. Amsterdam Oxford New York.

BORY, G., G. HÉBERT et D. CLAIR-MACZULAJTYS, 1997. L'arbre et les opérations de taille. Dans: RIVIÈRE, L.-M. éd. La plante dans la ville, colloque du 5-7 nov. 1996, Angers (France). Les Colloques, nº 84, INRA édit., Paris.

BOUTAUD, J., 2003. La taille de formation des arbres d'ornement. Société française d'arboriculture, Châteauneuf-du-Rhone.

DRÉNOU, C., 1999. La taille des arbres d'ornement: du pourquoi au comment. Institut pour le développement forestier, Paris.

DRÉNOU, C., 2009. Face aux arbres: apprendre à les observer pour les comprendre. Les Éditions Ulmer, Paris.

DRÉNOU, C., 2011. La méthode de diagnostic ARCHI: application aux chênes pédonculés dépérissants. Forêt Entreprise nº 200, septembre 2011: 4-15.

DRÉNOU, C., F. GIRAUD, H. GRAVIER, S. SABATIER et Y. CARAGLIO, 2013. Le diagnostic architectural: un outil d'évaluation. Forêt Méditerranéenne, juin 2013, t. XXXIV, nº 2: 87-98.

FARRAR, J.L., 1999. Les arbres du Canada. Ressources naturelles Canada, Service canadien des forêts. Fides, Saint-Laurent, Québec.

GENOYER, P., 1994. Contribution à l'étude de la régénération d'arbres traumatisés. Thèse, Université de Montpellier II, Montpellier.

HALLÉ, F., 2004. Architectures de plantes. JPC Édition, Palavas-les-Flots.

HALLÉ, F., R.A.A. OLDEMAN et P.B. TOMLINSON, 1978. Tropical trees and forests: an architectural analysis. Springer-Verlag. Berlin Heildelberg New York.

HARRIS, R.W., J.R. CLARK et N.P. MATHENY, 2004. Arboriculture: Integrated Management of Landscape Trees, Shrubs, and Vines. Fourth Édition. Prentice Hall, Upper Saddle River.

HUBERT, M. et R. COURRAUD, 2002. Élagage et taille de formation des arbres forestiers. 3e édition. Institut pour le Développement Forestier (IDF), Paris.

LE MAUT, C., 2012. La taille des arbres et des arbustes. Éditions Ouest-France, Rennes.

MILLET, J., 2012. L'architecture des arbres des régions tempérées : son histoire, ses concepts, ses usages. Éditions MultiMondes, Québec.

Annexe 1

Synthèse des données disponibles sur l'architecture et le mode de développement des arbres des régions tempérées

Type de feuille : ⌀ : feuille simple, ⚛ : feuille composée, ⬰ : petite feuille linéaire, aiguille ou écaille,

Mode de croissance annuel : ⸸ : croissance rythmique, sans mort d'apex, ⸸ : croissance rythmique avec mort d'apex, ↑ : croissance continue,

Architecture obtenue selon la modalité de construction du tronc :

Montée en solo (ou «fort en tête») (|, ⵦ, ⸸, ⸶ et ⸸, en association avec ⸸, lorsqu'en association avec ⸸ : variante sympodiale de la montée en solo, ou «usurpateur») –

| : tronc non ramifié ou au mode de ramification inconnu, ⵦ : tronc ramifié rythmiquement de branches dressées (modèle de Rauh ou de Scarrone), ⸸ : tronc ramifié rythmiquement de branches horizontales (modèle de Massart ou de Fagerlind), ⸶ : tronc ramifié de façon continue ou diffuse de branches dressées (modèle de Attims), ⸸ : tronc ramifié de façon continue de branches horizontales (modèle de Roux).

Montée à relais (ou «indifférent») (ⵦ, modèle de Koriba) –

ⵦ : tronc formé de plusieurs modules empilés et ramifié de branches dressées,

165

Montée inclinée (ou «indécis»), (⌐, ⊦, Ƴ, modèle de Troll) - ⌐ : tronc formé d'un seul module non ramifié, ⊦ : tronc formé d'un seul module avec branches horizontales, Ƴ : tronc formé de plusieurs modules empilés,

Ƴ : variante de la montée inclinée par empilement de plusieurs modules à extrémité redressée et affaissement secondaire (modèle de Champagnat),

Nombre de catégories d'axe : An : axe d'ordre n considérant que le tronc est A1,

Réitération : ⍦ : peu ou pas de fourche du tronc, ⍦ : système de fourches, ⍦ : rejets à la base du tronc, ⊦ An : remplacement des axes An sur An-1 après mortalité et élagage naturel,

* : espèce parmi les 40 sur 122 qui ont fait l'objet d'une analyse architecturale par un expert dans le domaine (voir le détail des résultats d'analyse et la liste des auteurs dans Millet, 2012). Les autres espèces citées (82 sur 122) ont été décrites de façon sommaire, à partir d'observations ponctuelles (Le Maut, 2012; Drénou, 2009, 1999; Hallé, 2004; Boutaud, 2003). Leur description peut encore être modifiée, ou confirmée, mais surtout complétée par d'éventuelles analyses architecturales.

Le modèle architectural indiqué en caractère gras est celui qui donne à l'arbre son maximum de catégories d'axe.

Espèce		(1)	(2)	Stade de développement						(3)	Modèles architecturaux simples ou emboîtés
Nom français	Nom latin			Plantule	Très jeune plant	Jeune plant	Très jeune arbre	Jeune arbre	Arbre adulte		
Ailante	*Ailanthus altissima*	✕									**Korira**
Albizia ou arbre à soie	*Albizzia julibrissin*	✕						⌐ ou			**Troll**
Alisier torminal	*Sorbus torminalis*	‖									
Araucaria du Chili ou désespoir des singes	*Araucaria araucana*	‖									**Rauh**
Arbousier ou arbre à fraises	*Arbustus unedo*	‖						A3		A3	**Scarrone**
Arbre de Judée	*Cercis siliquastrum*	✕									**Troll**
Aubépine lisse	*Crataegus laevigata*							⌐ ou			**Troll**
Aubépine monogyne	*Crataegus monogyna*										
Aulne de Corse	*Alnus cordata*	✕									
Aulne glutineux	*Alnus glutinosa*	✕									**Roux**
*Bouleau gris ou bouleau à feuilles de peuplier	*Betula populifolia*	✕		A1		A2		A5		A5	**Rauh**
*Bouleau jaune	*Betula alleghaniensis*	✕		A1	A2	A3	A4	A4		A4	**Leeuwenberg de Rauh**
Bouleau verruqueux	*Betula verrucosa ou B. pendula*	✕									**Champagnat**
Calocèdre	*Calocedrus decurrens*										

Nom commun	Nom latin								Modèle
Camphrier	*Cinnamomum camphora*								**Rauh**
* Caryer cordiforme	*Carya cordiformis*	A1	A2	A3	A4	A4			Leeuwenberg de Koriba de Rauh
Catalpa ou arbre aux haricots	*Catalpa bignonioides*								**Koriba**
* Cèdre de l'Atlas	*Cedrus atlantica*	A1	A3		A5		A5		Massart
* Cèdre de l'ouest	*Thuja plicata*				A6		A6	A3	Attims
Cédréla ou acajou de Chine	*Toona sinensis*								
Charme commun ou charmille	*Carpinus betulus*				ou				Troll
Charme houblon ou ostryer	*Ostrya carpinifolia*								
* Châtaignier commun	*Castanea sativa*	A1			A4		A4		Leeuwenberg de Massart
Chêne des marais ou chêne à épingles	*Quercus palustris*								Troll
* Chêne pédonculé	*Quercus robur*	A1	A2	A4			A4		Leeuwenberg de Koriba de Rauh
Copalme d'Amérique	*Liquidambar styraciflua*								**Rauh**
Cornouiller de l'Himalaya	*Cornus capitata*								Fagerlind
Cornouiller des pagodes	*Cornus controversa*								Fagerlind
Cornouiller mâle	*Cornus mas*								
Cryptoméria du Japon ou cèdre du Japon	*Cryptomeria japonica*								**Rauh**
* Cunninghamia lanceolata	*Cunninghamia lanceolata*				A4		A4		**Rauh**

Nom commun	Nom scientifique							Code	Modèle
Cyprès chauve	*Taxodium distichum*	ou						A3	
Cyprès de Lambert	*Cupressus macrocarpa*	ou					A6		Massart
Cyprès de Lawson	*Chamaecyparis lawsoniana*						A6	A6	Attims
Cyprès de l'Arizona	*Cupressus arizonica*		A1	A4			A5	A5	Attims
Cyprès de Provence	*Cupressus sempervirens*						A5	A5	Attims
Douglas	*Pseudotsuga menziesii*		A1	A2			A4	A3 et A4 / A4	Massart
Drimys winteri	*Drimys winteri*				A3				Rauh
Épinette de Norvège	*Picea abies*				A3		A4	A4	Rauh
Épinette noire	*Picea mariana*			A2	A3	A3	A4	A3 et A4 / A4	Rauh
Érable argenté	*Acer saccharinum*		A1	A2	A3		A4	A3	Leeuwenberg de Koriba de Rauh
Érable à sucre	*Acer saccharum*		A1		A3		A4		Leeuwenberg de Koriba de Rauh
Érable champêtre	*Acer campestris*								(Scarrone)
Érable de Pennsylvanie	*Acer pensylvanicum*		A1	A2	A3 / A3		A4 / A4	A3 / A4	Tomlinson de Mangenot de Rauh

Nom commun	Nom latin							Modèle
Érable palmé	*Acer platamatum*							**Troll**
Érable plane	*Acer platanoïdes*							(Scarrone)
* Érable sycomore	*Acer pseudoplatanus*	A1	⧣A2	⧣A3	⧣A3	(diagramme) A3		Leeuwenberg de **Rauh**
Eucalyptus	*Eucalyptus sp*							
Févier d'Amérique	*Gleditsia triacanthos*							**Troll**
Firmiana ou parasol de Chine	*Firmiana simplex*							
Frêne à fleurs ou orne	*Fraxinus ornus*							**Koriba**
* Frêne d'Amérique	*Fraxinus americana*	A1	⧣A2	⧣A4	(diagramme) A4		A4	Leeuwenberg de **Rauh**
* Frêne commun	*Fraxinus excelsior*	A1	⧣A3	⧣A3	(diagramme) A3		A3	Leeuwenberg de **Rauh**
Frêne oxyphylle	*Fraxinus angustifolia*			⧣	(diagramme)			Leeuwenberg de **Rauh**
Frêne pleureur	*Fraxinus excelsior 'pendula'*							**Troll**
* Frêne rouge	*Fraxinus pennsylvanica*	A1	⧣A2	⧣A4	⧣A4	(diagramme) facultatif	A4	**Koriba de Rauh**
Genévrier cade	*Juniperus oxycedrus*							
Ginkgo ou arbre aux quarante écus	*Ginkgo biloba*				⧣A4		A4	**Massart**
* Hêtre à grandes feuilles	*Fagus grandifolia*	A1	⸦A2	⸦A3	⸦A5		A5	**Troll**
* Hêtre commun	*Fagus sylvatica*	A1			⧣A5		A5	Leeuwenberg de **Massart**
Hêtre pleureur	*Fagus sylvatica 'Pendula'*							**Troll**
Houx commun	*Ilex aquifolium*							**Massart**
If commun	*Taxus baccata*							**Massart**

Nom commun	Nom scientifique	Modèle	Codes
Jujubier	*Ziziphus ziziphus ou Z. jujuba*		
Kaki	*Diospyros kaki*		
Lilas des Indes ou mélia	*Melia azedarach*	Koriba	
Magnolia acuminata	*Magnolia acuminata*	Roux	
Magnolia de Delavay	*Magnolia delavayi*	Roux	
Magnolia de Soulange	*Magnolia x soulangeana*	Roux	
Magnolia à grandes fleurs	*Magnolia grandiflora*	Fagerlind	
Magnolia sprengeri	*Magnolia sprengeri*	Rauh	
Marronnier commun	*Aesculus hippocastanum*	Scarrone	
Marronnier rose	*Aesculus - carnea*		
Mélèze d'Europe	*Larix decidua*	Massart	
* Merisier	*Prunus avium*	Leeuwenberg de Massart	A4, A1
* Metasequoia	*Metasequoia glyptostroboides*	Rauh	A3
Micocoulier de Provence	*Celtis australis*	Troll	
Micocoulier de Virginie	*Celtis occidentalis*	Troll	
Mimosa d'hiver	*Acacia dealbata*	Attims	A3, A2
Mûrier	*Morus sp*		
Mûrier à papier	*Broussonetia papyrifera*	Scarrone	
Néflier du Japon	*Eriobotrya japonica*		
* Noyer commun	*Juglans regia*	Leeuwenberg de Rauh	A3, A1

Nom commun	Nom scientifique	Stades (A)	A final	Modèle architectural
* Noyer noir	Juglans nigra	A1 – A2 – A3	A3	Leeuwenberg de Rauh
Olivier	Olea europaea			Troll
Olivier de Bohême	Elaeagnus angustifolia			Troll
* Orme d'Amérique	Ulmus americana	A1 – A4 – A5	A5	Troll
Paulownia	Paulownia tomentosa	?		Troll ou Prévost?
Peuplier blanc	Populus alba			
* Peuplier faux-tremble	Populus tremuloides	A1 – A2 – A4	A4	Rauh
* Peuplier noir	Populus nigra	A1 – A2 – A5	A5	Leeuwenberg de Rauh
Peuplier tremble pleureur	Populus tremula 'Pendula'			Troll
* Pin d'Alep	Pinus halepensis	A3 – A5	A5	Rauh
Pin de Norfolk	Araucaria heterophylla	A3	A3	Massart
* Pin laricio	Pinus nigra Arn. ssp. laricio	A1 – A2 – A3 – A4	A4	Rauh
* Pin maritime	Pinus pinaster	A1 – A2 – A3 – A4	A4	Rauh
Pin parasol du Japon	Sciadopitys verticillata			
* Pin sylvestre	Pinus sylvestris	A2 – A4 – A5	A5	Rauh
* Platane hybride	Platanus hybrida	A1 – A2 – A5	A5	Leeuwenberg de Massart
Poirier commun	Pyrus pyraster ou P. communis			
Poirier pleureur à feuilles de saule	Pyrus salicifolia 'Pendula'			Troll
Pommier	Malus sp			

Nom commun	Nom scientifique									Modèle
* Pruche du Canada	*Tsuga canadensis*			A1	A2	A4	A5	A5		Troll
Pérocaryer	*Pterocarya fraxinifolia*								A2, A3, A4	
Robinier	*Robinia pseudoacacia*									Troll
* Sapin baumier	*Abies balsamea*			A1	A2	A4	A5	A5	A3	Massart
Sapin blanc	*Abies alba*									Massart
* Sapin de Nordmann	*Abies nordmanniana*				A2		A5	A5		Massart
Saule marsault ou saule des chèvres	*Salix caprea*									Rauh
Saule pleureur	*Salix babylonica*									Champagnat
Savonnier	*Koelreuteria paniculata*									Koriba
Séquoia géant	*Sequoiadendron giganteum*									
* Séquoia toujours vert	*Sequoia sempervirens*				A3		A5	A5	A3, A4	Rauh-Massart
Sophora	*Sophora japonica*									Troll
Sumac vinaigrier ou vinaigrier ou sumac de Virginie	*Rhus typhina*									Leeuwenberg
Sureau noir	*Sambucus nigra*									Troll
Thuya occidentalis ou cèdre	*Thuja occidentalis*									Attims

173

		Type de feuille (1)	Mode de croissance annuel du tronc (2)					Maximum de catégories d'axe (3)
			A1	A2	A3	ou / A5		
Tilleul à petites feuilles	*Tilia cordata*	✕						Troll
*Tilleul d'Amérique	*Tilia americana*	✕				A5	A5	Leeuwenberg de **Rauh**
Tulipier de Virginie ou arbre aux lis	*Liriodendron tulipifera*							**Scarrone**
Virgilier	*Cladastris kentukea ou C. lutea*							Troll
Zelkova	*Zelkova sp*							**Troll**

(1) Type de feuille

(2) Mode de croissance annuel du tronc

(3) Maximum de catégories d'axe

Annexe 2
Les modèles architecturaux

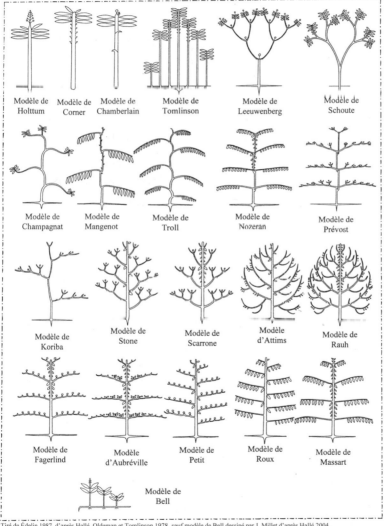

Modèle de Holttum
Modèle de Corner
Modèle de Chamberlain
Modèle de Tomlinson
Modèle de Leeuwenberg
Modèle de Schoute

Modèle de Champagnat
Modèle de Mangenot
Modèle de Troll
Modèle de Nozeran
Modèle de Prévost

Modèle de Koriba
Modèle de Stone
Modèle de Scarrone
Modèle d'Attims
Modèle de Rauh

Modèle de Fagerlind
Modèle d'Aubréville
Modèle de Petit
Modèle de Roux
Modèle de Massart

Modèle de Bell

Tiré de Édelin 1987, d'après Hallé, Oldeman et Tomlinson 1978, sauf modèle de Bell dessiné par J. Millet d'après Hallé 2004.

Annexe 3
Exemples de diagnostic de l'architecture de l'arbre par tracé de croquis

Important

Le diagnostic de l'architecture de l'arbre ne peut pas être fait à partir d'une photo. Ce serait une erreur d'en tenter l'exercice. Il y aurait peu de chance d'obtenir un résultat concluant et fiable. L'observateur a besoin de tourner autour de l'arbre pour repérer les caractères de son architecture. Bien qu'il choisisse au final un angle d'observation pour le tracé de son croquis, il peut inclure dans son dessin des traits difficilement visibles sous cet angle. Dans l'exemple 1, deux rejets ont été clairement repérés sous un angle d'observation légèrement différent de celui de la photo, tout en s'approchant de l'arbre. Les rejets ont été tracés en rouge (ou gris pâle) sur le croquis bien qu'ils ne soient pas visibles sur la photo. Le lecteur notera d'autres différences entre les photos et les croquis. Cela tient du fait que les croquis ont été faits à partir d'une observation directe des arbres. Rappelons que le tracé de croquis est un support à l'observation. Au fur et à mesure de son exécution, il suscite chez l'observateur des questionnements. Pour pouvoir y répondre, il est primordial pour l'observateur qu'il se tienne directement devant l'arbre dont il tente de décrire l'architecture. Au final, on se fiera plus au croquis qu'à la photo sur laquelle le recouvrement des axes et la confusion de leurs angles d'orientation participent largement à tromper l'œil.

Les deux exemples présentés ci-après sont en noir et blanc. Pour une meilleure idée du résultat possible en couleur, voir la reproduction de la photo et du croquis final des deux exemples dans l'encart couleur.

Rappel des 9 étapes d'exécution du diagnostic de l'architecture de l'arbre :

Étape 1. Identification de l'arbre, date et position

Étape 2. Tracé de la structure de soutien (A1, en noir)

Étape 3. Tracé des branches (A2, en bleu ou gris foncé)

Étape 4. Tracé des rejets (en rouge ou gris pâle)

Étape 5. Contours (si approprié) et échelle de mesure

Étape 6. Nombre de catégories d'axe

Étape 7. Longueur des unités de croissance

Étape 8. Étude des rejets

Étape 9. Mortalité dans le haut de la cime

Exemple 1

Photo   Croquis final

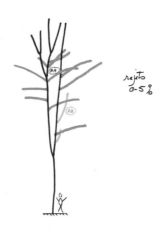

Frêne rouge
Fraximus pennsylvanica
Individu 1

21 avril 2014
Boisé Nature
Montréal

rejets
0-5 %

Étapes de réalisation

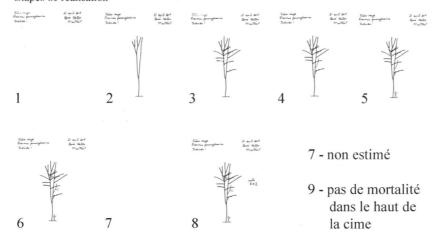

1

2

3

4

5

6

7

8

7 - non estimé

9 - pas de mortalité
      dans le haut de
      la cime

Exemple 2

Croquis final

Photo

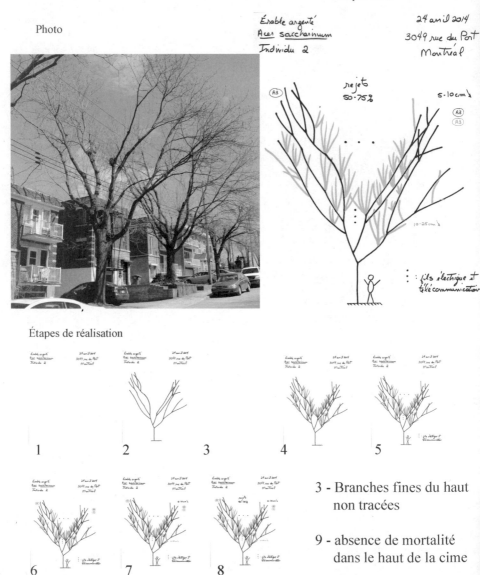

Étapes de réalisation

1   2   3   4   5

6   7   8

3 - Branches fines du haut
non tracées

9 - absence de mortalité
dans le haut de la cime

Annexe 4

Exemple de grille de prise de données pour jeunes plants de 1 à 5 ans

Code de l'arbre : rang-espèce-arbre, exemple : 1-ACPL-2

  1 = numéro du rang
  ACPL = Acer platanoides
  2 = numéro de l'arbre

Catégorie d'axe maximale établie (A1 à A4)

  A1 : axe d'ordre 1

Description du plant : S ou M, H ou P

  S = sympode
  M = monopode
  H = hiérarchisé
  P = polyarchique

Numéro de l'axe, c'est-à-dire de la pousse annuelle

  1 = axe principal
  2 = axe latéral le plus fort selon un gradient de ramification acrotone
  3 = axe latéral le plus fort selon un gradient de ramification basitone

Code de l'axe : bourgeon d'origine – année de l'axe porteur – état de son apex – participation à une fouche, exemple : L05xF, T05

  T = prend son origine d'un bourgeon terminal
  L = prend son origine d'un bourgeon latéral
  05 = 2005 année d'établissement de l'unité portante
  c = l'apex de l'unité portante a été coupé

x = l'apex de l'unité portante a avorté (mort d'apex) ou a été meurtri (cause inconnue)

F = l'axe observé est un élément de fourche l'année de l'observation

Longueur (cm) (exemple : 48 + 3 et 51)

Longueur de chaque unité de croissance et du total de la pousse annuelle

Hauteur (cm)

Hauteur de l'extrémité distale de la pousse annuelle à partir du sol

Orientation

O = orthotrope
Obl = oblique
P = plagiotrope

Entrenœuds (exemple: 9 + 3)

nombre d'entrenœuds pour chaque unité de croissance de l'année

U.C. et nombre de folioles

Nombre d'unités de croissance et nb de folioles des feuilles de l'année

Type de recul (perte en hauteur du tronc due à un transfert de dominance apicale entre le tronc et un axe d'origine latérale):

recul 1 = perte de un à plusieurs entrenoeuds courts
recul 2 = perte de un à plusieurs entrenoeuds longs en plus des entrenoeuds courts
recul 3 = perte de une à plusieurs unités de croissance
recul 4 = résulte d'un transfert de dominance apicale entre deux axes d'origine latérale

Longueur sur le tronc et total de la longueur perdue

xe	Code	Longueur (cm)	A1 A2 A3 A4		S M		H	P
			H (cm)	Orie	Entrenœuds	uc		Fol
Recul de type 1 2 3 4			Longueur sur le tronc			Total		

xe	Code	Longueur (cm)	A1 A2 A3 A4		S M		H	P
			H (cm)	Orie	Entrenœuds	uc		Fol
Recul de type 1 2 3 4			Longueur sur le tronc			Total		

xe	Code	Longueur (cm)	A1 A2 A3 A4		S M		H	P
			H (cm)	Orie	Entrenœuds	uc		Fol
Recul de type 1 2 3 4			Longueur sur le tronc			Total		

xe	Code	Longueur (cm)	A1 A2 A3 A4		S M		H	P
			H (cm)	Orie	Entrenœuds	uc		Fol
Recul de type 1 2 3 4			Longueur sur le tronc			Total		

1 – ACPL – 1			A1	(A2)	A3	A4	(S)	M	(H)	P
axe	Code	Longueur (cm)		H (cm)	Orie	Entrenoeuds		uc		Fol
1	LO5X	446+8		165.2	O	6+3		2		
2	LO5X	28.3+1		135.5	Obl	3+1		1		
3	LO4	19		108.8	Obl	2		1		
Recul de type (1) 2 3 4				Longueur sur le tronc				Total		1

1 – ACPL – 2			A1	A2	(A3)	A4	(S)	M	(H)	P
axe	Code	Longueur (cm)		H (cm)	Orie	Entrenoeuds		uc		Fol
1	LO5X	38.5+23.5		205.7	O	5+7		2		
2	LO5X	10.1+ 38		160+_	O	4+2+_		2		
3	LO4X	11.4		107.9+_	Obl	2+_		1		
Recul de type 1 (2) 3 4				Longueur sur le tronc				Total		10

1 – ACPL – 3			A1	(A2)	A3	A4	(S)	M	(H)	P
axe	Code	Longueur (cm)		H (cm)	Orie	Entrenoeuds		uc		Fol
1	TO5	121.4		236.9	O	18		1		
2	LO5	16.2+_		114+_	Obl	3+_		1		
3	LO4	26.6		75.5	Obl	4		1		
Recul de type 1 2 3 4				Longueur sur le tronc ——				Total		——

1 – FRPE – 1			A1	(A2)	A3	A4	(S)	M	H	(P)
axe	Code	Longueur (cm)		H (cm)	Orie	Entrenoeuds		uc		Fol
1	LO5CF	77.7+1.9		223.4	O	9+3		2		7
2	LO5C	28.6+15		164	Obl	4+4		2		
3	LO4	12.9		107.4	P	3		1		
Recul de type 1 (2) 3 4				Longueur sur le tronc				Total		6

1 – FRPE – 2			A1	(A2)	A3	A4	S	(M)	(H)	P
axe	Code	Longueur (cm)		H (cm)	Orie	Entrenoeuds		uc		Fol
1	TO5	52.3		176.5	O	8		1		9
2	LO5	16.1		133.4	Obl	3		1		
3	LO4	6.8		70.3	P	4		1		
Recul de type 1 2 3 4				Longueur sur le tronc ——				Total		——

Annexe 5
Exemple de grille de prise de données pour grands arbres

1. H1^{ère}BrMa : Hauteur de la première branche maîtresse
   (3, 4 , 5 ou 6 mètres)

2. Nb ÉléF : Nombre d'éléments de fourche du tronc ou de branches maîtresses
   (1, 2, 3, etc.)

3. % : Pourcentage de la cime sous la forme de rejets
   0-5 %
   5-25 %
   25-50 %
   50-75 %
   75-95 %
   95-100 %

4. Position des rejets (× : présence, ⊗ : position des plus nombreux)
   Ext : Extrémité périphérique de l'arbre
   C : au centre
   Bas : dans le bas

5. UPer A4 : Nombre de catégories d'axe des unités périphériques
   (A1, A2, A3, A4)

6. u.c. : Longueur de la dernière unité de croissance des unités périphériques

   0-5 cm
   5-10 cm
   10-25 cm
   25-50 cm
   50 cm-1 m
   1-2 m
   2 m et +

7. RCen A4 : Nombre de catégories d'axe des rejets du centre (A1, A2, A3, A4)

8. u.c. : Longueur de la dernière unité de croissance des rejets du centre

   0-5 cm
   5-10 cm
   10-25 cm
   25-50 cm
   50 cm-1 m
   1-2 m
   2 m et +

9. RBas cm : Longueur de la dernière unité de croissance des rejets du bas

   0-5 cm

   5-10 cm

   10-25 cm

   25-50 cm

   50 cm-1 m

   1-2 m

   2 m et +

Fils : Présence de fils électriques (lorsque c'est le cas)

SF : sans fil

FC : fils de côté

1F : 1 fil de large au-dessus du tronc

3F : 3 fils de large au-dessus du tronc

Espèce ___   Rue ___, entre ___ et ___   Date: ___

No	Adresse	Position	Fils	H1ière BrMa	Nb ÉléF	%	Ext	C	Bas	UPér A4	u.c. (cm)	Rcen A4	u.c. (cm)	Rbas (cm)

Exemple (noms de rue et adresses fictives) :

Érable argenté   Rue Drolet, entre Chambly et Cartier   Date: 22 novembre 1999

No	Adresse	Position	Fils	H1ière BrMa	Nt ÉtéF	%	Ext	C	Bas	UPér A4	u.c. (cm)	Rcen. A4	u.c. (cm)	Rbas (cm)
1	10315	2m au N	3F	3	4	25	-	⊗	x	A4	10	A3	50	100
2	10321	devant	3F	3	7	5	-	⊗	x	A3	10	A2	50	100
3	10323	devant	3F	3	5	5	-	⊗	-	A3	5	A3	10	10
4	10325	devant	3F	2	5	5	-	x	⊗	A3	10	A3	25	100
5	10327	devant	3F	3	6	25	-	⊗	x	A3	10	A3	25	100
6	10329	1m au N	3F	2	6	5	-	⊗	x	A3	10	A3	50	50
7	10331	devant	3F	3	5	25	-	⊗	x	A4	10	A3	50	50
8	10335	devant	3F	2	6	5	-	⊗	x	A3	10	A3	25	50
9	10339	4m au N	3F	4	2	0	-	⊗	-	A3	10	A2	50	-
10	10445	devant	3F	4	3	0	-	⊗	x	A4	10	A2	50	100

MARQUIS

Québec, Canada

RECYCLÉ
Papier fait à partir
de matériaux recyclés
FSC® C103567

Imprimé sur du papier Enviro 100% postconsommation
traité sans chlore, accrédité ÉcoLogo et fait à partir de biogaz.